这样教才有用
成功教学的 21 种策略

What works?

Research and Evidence for
Successful Teaching

［英］李·埃利奥特·梅杰
（Lee Elliot Major）

［英］史蒂夫·希金斯
（Steve Higgins）

著

姜新杰

译

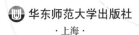

华东师范大学出版社
·上海·

图书在版编目（CIP）数据

这样教才有用：成功教学的21种策略/（英）李·埃利奥特·梅杰，（英）史蒂夫·希金斯著；姜新杰译. —上海：华东师范大学出版社，2022
ISBN 978-7-5760-2938-3

Ⅰ.①这⋯ Ⅱ.①李⋯ ②史⋯ ③姜⋯ Ⅲ.①中小学教育—教学研究 Ⅳ.①G632.0

中国版本图书馆CIP数据核字（2022）第112607号

What Works? Research and Evidence for Successful Teaching by Lee Elliot Major and Steve Higgins /ISBN 978-1-4729-6563-9
Text copyright © Lee Elliot Major and Steve Higgins, 2019
This translation is published by arrangement with Bloomsbury Publishing Plc.
Chinese Simplified Language edition published by East China Normal University Press Ltd., Copyright © 2022.
All rights reserved.

上海市版权局著作权合同登记　图字：09-2021-0503 号

这样教才有用：成功教学的21种策略

著　　者　李·埃利奥特·梅杰　史蒂夫·希金斯
译　　者　姜新杰
责任编辑　张艺捷
责任校对　郑海岚　时东明
装帧设计　刘怡霖

出版发行　华东师范大学出版社
社　　址　上海市中山北路3663号　邮编 200062
网　　址　www.ecnupress.com.cn
电　　话　021-60821666　行政传真 021-62572105
客服电话　021-62865537　门市（邮购）电话 021-62869887
地　　址　上海市中山北路3663号华东师范大学校内先锋路口
网　　店　http://hdsdcbs.tmall.com

印　刷　者　浙江临安曙光印务有限公司
开　　本　787毫米×1092毫米　1/16
印　　张　12.75
字　　数　176千字
版　　次　2022年11月第1版
印　　次　2022年11月第1次
书　　号　ISBN 978-7-5760-2938-3
定　　价　39.00元

出版人　王焰

（如发现本版图书有印订质量问题，请寄回本社客服中心调换或电话021-62865537联系）

译者序

新时代的教育应以学生为中心，教育的发展始终围绕着学生的发展。学生有成长、有进步、有出彩的机会，我们的教育才是充满希望的。"双减"（减轻义务教育阶段学生过重作业负担和校外培训负担）工作正是基于这样的考虑。作为我国基础教育领域的一项重大决策部署，"双减"政策的实施重点强调了释放学生的主体活力。

半个多世纪以前，心理学家卡尔·罗杰斯（Carl R. Rogers）首次提出"以学生为中心"的观点，引发的是一场对于教育观念的深刻思考和革新。如果教育的目的不是为了促进学生的发展，就迷失了最根本的方向。比如应试教育环境中所发生的，更多的是为考试而教的浅层学习，缺失了对于学生作为学习主角的关注和思考。

但是，如何做才能促进学生的发展？这一简短的问题仅是冰山的一角，背后正是教育者们探求的永恒的主题。什么是最佳的学习方法？我们总是希望能找到这个问题的答案，然而我们往往会发现，实践中相同的方法可能导致不同的结果。其实最重要的是，方法是如何实施的。这正是《这样教才有用：成功教学的 21 种策略》的作者的初心。以往我们总是关注什么样的方法最有效，事实上，如何实施方法或许才是真正决定最终结果的影响要素。

《这样教才有用：成功教学的 21 种策略》是一本分析教育方法实践效果的书。其实在书名的翻译问题上，我纠结了很久。现在的书名是在编辑的建议下修改的，我更喜欢原书的"What Works？"这个问题，即"什么是有用的？"正如作者自己在序言中所写的，这是一个看似简单的问题，但是却非常重要。仅仅知道过去对于一些学生和教师来说有用的方法，无法保证我们能够预测未来其对于其他教师和学生来说教育效果如何。这一问题也是贯穿本书始终的问题，是作者希望所有阅读本书的教师和教育工作者持续思考的问题。

本书基于作者在英国进行的调研和实验。英国教育的经验值得借鉴，同时又与我国教育存在着差异。"改善课堂教学""协作学习""自我调节与元认知""表达与倾听的技巧"等策略受教育文化差异的影响较小，可以在我们的课堂教学中进行尝试和运用；而"助教""自然拼读法"等策略则受教育文化差异的影响较大，可能需要结合我们的实际加以调整。然而，具体的策略并不是作者想要强调的重点，他们最看重的是引发教师对于如何使用教学方法的深入思考与不断反思。教学策略的运用能在多大程度上促进学生的进步，如何做才能在最大程度上发挥策略的效用，这些都是更值得教师关注的问题——教师不应该只关注选择什么方法或策略。

作者突破性地引入了"进步月数"作为量化指标，对教学策略相关研究结果进行了可比较化的处理，帮助我们对于常见的 21 种教学策略形成相对清晰的认识。比如"小班化教学"策略，一直以来小班化教学受到广泛的赞同和推崇，然而作者们的研究却发现缩小班级规模给学生所带来的进步月数其实是有限的。通过这样的方式，作者希望促进教师着眼于全方面了解自己想要采取的策略，并在明确认识策略之后，围绕到底该如何成功实施策略付出努力。这样的量化指标所体现的是证据的重要性，提醒教师在教学过程中把证据放在更显眼的位置。

翻译工作本身是细碎而又枯燥的。所幸在本书的翻译过程中，除了与作者在精神层面的同频共振所带来的力量，还有来自家人和朋友的支持。感谢姜锋、马晓娅、张忠晴、杨淑娟等在阅读本书翻译初稿后提出的宝贵建议，也感谢本书编辑一直鼓励和督促我。在翻译过程中，虽一心力求尽善尽美，但限于自身水平，难免有疏漏和不足之处，还望读者不吝批评指教。

姜新杰
2022 年 7 月

目　录

序："香蕉女郎"乐队与最佳学习方法　　　　　　　　　　1

如何使用本书？　　　　　　　　　　　　　　　　　　　19

怎么教才有用？什么方法有用？关于本书所用技术的说明　　22

　第 1 章　改善课堂教学　　　　　　　　　　　1

　第 2 章　有效的学习反馈　　　　　　　　　　17

　第 3 章　助教　　　　　　　　　　　　　　　32

　第 4 章　一对一辅导　　　　　　　　　　　　38

　第 5 章　自我反思：自我调节与元认知　　　　45

　第 6 章　表达与倾听的技巧　　　　　　　　　51

　第 7 章　同伴辅导　　　　　　　　　　　　　56

　第 8 章　掌握学习　　　　　　　　　　　　　64

　第 9 章　自然拼读法　　　　　　　　　　　　72

　第 10 章　理解语境：阅读理解策略的教学　　78

第11章	家庭作业	83
第12章	学习风格	91
第13章	学业环境：教育的零和博弈	96
第14章	数字技术：不止调动学习积极性	103
第15章	小班化教学	108
第16章	夏季出生的劣势	112
第17章	学习准备	119
第18章	个性化教学	125
第19章	协作学习：有效合作	131
第20章	为健康和更多益处而运动	137
第21章	为艺术而艺术	142

后记：一条终极原则　　　　　　　　　　　　　　148

参考文献　　　　　　　　　　　　　　　　　　　155

序:"香蕉女郎"乐队[1]与最佳学习方法

有一个英国教师非常熟悉的梗,叫做香蕉女郎原则[2],它是在1982年"香蕉女郎"乐队与"快乐三男孩"乐队合作的歌曲《与你做什么无关》(*It Ain't What You Do*)大火之后被命名的。这首歌原本叫"与你做什么无关,与你如何做有关"[T'aint what you do, (It's the way that cha do it)],是1939年爵士音乐家梅尔文·奥利弗(Melvin 'Sy' Oliver)和詹姆斯·扬(James 'Trummy' Young)创作的歌曲,后来随着埃拉·菲茨杰拉德(Ella Fitzgerald)和美式踢踏舞标准舞步的流行而被人们所熟知。对于今天的教育者来说,这是基于研究结果开展行动的必要原则。对于许多教师来说,20世纪80年代的文化或许意味着旧时代的遗留,但是琅琅上口的斯卡爵士乐[3]旋律却在脑海里挥之不去。这是我们必须要说的最重要的事情。

这一指导原则是在2011年我们全国巡回与教师分享"学童津贴指南"(the Pupil Premium Toolkit)时获得生命力的(Higgins等,2011)。这一指南由萨顿信托(Sutton Trust)慈善基金会出版,以易懂的方式指明了到底选择何种方法,才能最大化地提升学生的学业成就。英国政府承诺学童津贴专门用于支持学校提高穷困学生的学业水平,这些学生的发展持续落后于比他们更有优势的同伴(英国教育部,2010a)。我们的观点十分简单:最终结果与学校花了什么钱无关,而与学校花钱的方式有关。

---

1 "香蕉女郎"乐队(Bananarama)成立于20世纪80年代初,由萨拉·达琳、克伦·简·伍德沃德和希奥伯won·法希三人组成,是英国流行音乐界最有成就的女子三人演唱组之一。该演唱组起初并不显眼,后与"快乐三男孩"乐队(Fun Boy Three)合作,才开始被人们所认识。——译者注
2 由杜伦大学的史蒂夫·希金斯(Steve Higgins)创造的术语,其代表的含义为"与你做什么无关,与你如何做有关"。——译者注
3 斯卡(Ska)爵士乐,20世纪60年代兴起于牙买加的一种节奏强而快的流行音乐。——译者注

"学童津贴指南"是两种不同观点碰撞后的结果，即折中的产物，其既有优点，亦有缺点。我们中的一员（史蒂夫）醉心于综合集成法（meta-synthesis）——汇总成千上万研究的结果——对于教师来说是很实用的工具（Higgins，2018）。这一工具将帮助你获得全局视野，跳出经典研究的束缚，超越单一研究矛盾与冲突的结论。我们中的另一员（李）坚信我们首要的任务是多花些时间去解释复杂的专业学术语言，这样教师就能更好地读懂研究成果。研究综述一直有人在做，但是就像许多出版物一样，这些综述很快就被遗忘在图书馆的架子上，落满了灰尘。

将这些目标结合起来是要讲究平衡的。研究的综合集成有用的前提是其基于的研究本身质量高。而且如果你过度精简信息，那么在粗略的标题下，真实的故事就会被掩盖。第一代指南（Higgins等，2011）包含20页资料，是从成千上万的研究报告中整理出来的实证结果总结，主要围绕的是21种旨在提高学习效果的教学方法。

这份指南的设计和呈现饱含思考，它指明了实践这些方法需要付出什么样的努力，这些方法有多有效，以及支持我们得出这一结论的证据是多么有力。在解释效应大小、比较干预效果，以及将数据结果转化为日常课堂可用的更有意义的方法（在一学年时间里，让学生获得相当于学习一年额外再加数月的效果）方面，我们做出了勇敢的尝试（我们为做到这些所预设的前提将在"关于本书所用技术的说明"这一部分中详细解释）。鉴于所基于的研究发现的局限性，这些判断可能不如原始数据准确，但却是指导实际操作的重要依据。

如果没有这些思考，这一指南就不可能吸引那些在课堂上忙碌着的专业人员的注意并得到教师们的迅速掌握。

关于指南的讲座充满了生动的辩论，英国各地成千上万的教师和中学校领导参与了这些讲座。两种不同观点的碰撞也让人肃然起敬，当在理想环境中获取的学术发现与教师日常工作生活实际碰撞时，最好的讨论就产生了。我们得以共同理清楚理论如何落地。

这些违背直觉的结论引发了震动（Major，2012）。那是学期末的最后一天，天灰蒙蒙的，我们正在剑桥郡（Cambridgeshire）向数百名助教解释我们与助教工作有关的发现，即平均而言，助教对于学生学习没有帮助。这是一场艰难的会议，任何防止误解的说明或者积极的评价都无法平息助教们的怒火，让他们冷静下来。他们所看到的，只有对他们赖以生活的工作的攻击。然而这一平均结果之下隐藏着的才是真实的故事。在正确管理下的助教，准备充分且训练有素，能够与教师共同合作，对学生有着显著的影响。那些没有得到支持，并且被分配给在学习方面有严重困难的学生的助教则处于挣扎之中。换句话说，是否使用助教并不是最重要的，最重要的是如何使用助教。

出人意料的是，缩小班级规模对学生进步的影响是有限的。更小的班级受到政治家、父母和教师的一致推崇，被作为学校的优先事项。但是研究却发现，除非班级规模缩小到20人以下或者师生比高于1/15，否则缩小班级规模所带来的益处并不显著或明确。老师们对这一结论表示十分恼火。很多老师反驳说小班化在满足儿童特殊教育需要或者解决挑战性行为方面是有效的。问题恰恰隐藏在研究的细节之中，小班化发挥作用的前提是教师改变教学方法，满足学生个性化的需求，接受更多学生对于即将要学习的内容的反馈。问题不在于是否缩小班级规模，而在于如何针对更少的学生调整教学方式。

根据"能力"对学生进行分班总是会引发分歧。每一个混合能力教学（Mix-Ability Teaching）的坚定支持者，都对应着一个同样坚定的能力分班的支持者。数十年积累的研究证据也无法平息这些明显互相矛盾的争论。这背后的原因就藏在指南的小细节里，即教学质量比学生的分班方式更重要。如果组织得不好，无论是混合能力的班级还是按能力分班的班级，学习效果都不好；反之，如果组织得好，两者都将是有效的。

助教的作用、缩小班级规模和能力分班的例子都体现了香蕉女郎原则。这一原则强调了那些影响教师在课堂上选择做什么的证据的有效性和局限性：方法是如何实施的非常重要，同方法的内涵一样重要。证据是不可或缺的，但仅有证据是远远不够的。

成功——一把双刃剑

"学童津贴指南"体现了对证据的孜孜以求。在被英国教育捐赠基金会（Education Endowment Foundation，EEF）采纳后，"学童津贴指南"变成了《萨顿信托-EEF教学与学习工具指南》。2010年，英国政府正式发布了这份指南，启动资金达1.1亿英镑的教育捐赠基金会可与美国的"争上游"（Race to the Top）基金会匹敌（英国教育部，2010b）。实际上教育捐赠基金会所做的事情有些不同，即促进学校环境中证据的使用，以及资助评估英国学校所使用的不同方法和项目的有效性的随机试验。教育捐赠基金会将这份指南发展和壮大，变成了我们今天所看到的包含35条线的互动网站：https://educationendowmentfoundation.org.uk/evidence-summaries/teaching-learning-toolkit。当英国督学团、英国教育标准局认可这份指南后，其迅速成为了中小学校长的必读物，因为这些校长需要向政府汇报学童津贴的资金使用情况。

截至2015年，全英国已有三分之二的校长表示已在使用该指南（Cockburn等，2015）。改编版本已经在苏格兰、澳大利亚、西班牙和拉丁美洲出版，还有其他地区正在着手准备中。这份指南正在帮助全世界的课堂创造更强调熟悉证据的文化。教师正在以他们十年之前完全不会采用的方式对研究进行发问。几乎每天都有教师兴奋地告诉我们中的某个人，他们自己发现这份指南很好用，推荐我们去看一看——他们不知道我们正是这份指南的创作者！

但是，变得受欢迎之后的问题在于，你会逐渐忘记一开始你取得成功的原因。指南被看作是可以直接读懂的，不存在需要面对面讨论解释的细微差别、注意事项和模棱两可的内容。研究的内容被看作是不容置疑的事实，课堂被看作是同质化的单元，最佳方式被看作是必然有用的。

英国政府援引这一指南作为其以"什么是有用的"为中心的全新网状管理系统的例证，这一系统涵盖了治安、早期干预、老龄化，以及之前已经建立起规范的健康和教育领域（Cabinet Office，2013）。这一举措旨在推动公共资金被用在最有效果的途径上，这是非常值得称赞的，但是"什么是有用的"这一标签可能意味着过度简化现实情况的确定性。研究只能告诉我们以前什么是有用的，不能告诉我们未来什么是有用的。实际上，研究只能提供如下指示，即在某些特定情况下，什么方法可能有用。

有些记者将这一指南的内容视作黑白分明的判断。"按能力分组还是按学科分组？都不对。助教？不需要"，这是一位 BBC 的记者在报道英国政府这一创新举措时所使用的标题（Easton，2014）。将研究结果用于实践的复杂性被破坏了，变成了简单的二元论。研究的标题引发了公众下意识的反应。实际上，我们提出的是为什么要对助教及与他们一同工作的教师进行培训，并不是要解雇他们。

与此同时，医药领域也在开展更多基于证据的实践活动（见 www.nice.org.uk）。然而，医学领域的模型并不适宜在教育领域应用，这背后有很多原因，尤其是在教室里，到底谁需要"服用药片"并不清楚。"药剂"既要让教师觉得可口，还要对学生有效才行。教室是比咨询室复杂得多的地方。教室里通常有一名教师和至少 30 位学生。这就像是你的病人们所患的病尚未确诊且五花八门，但是你要找到一张能够让所有病人康复的处方一样。

这样下去，基于证据的专业教学遭遇社会的强烈抵制只是时间问题。一些著名的教育人士提出质疑说我们认为教学应当全部基于研究是受到了蒙骗（William，2015）。其他一些则说，每个课堂都是独特的，都是由不同的学生组成的，这样妨害了教师在课堂上选择最好的做法的自由。还有一些反对者指出，证据不能回答教育中最重要的问题：教育的目的是什么（Biesta，2007）。

同时，针对教师的调查显示，他们对证据有了更清晰的认识，但是对运用指南中所提到的方法为提高学生学业成绩创造最佳机会方面，还缺乏足够的关注（Sutton Trust，2013）。每 25 位教师中仅有 1 位优先考虑加强师生反馈互动——这一举措不仅花费少，而且有可能在一学年时间里，让学生获得相当于学习一年额外再加 8 个月的效果。每 100 位教师中仅有 1 位表示他们会安排同伴教学，这是指南所提出的另一项十分有效的方法。

仅仅是发表这些证据并不能让学校自发地改变教师的工作。甚至有一些教师完全误解了我们。我们听说有学校花了很多时间给学生的作业评分，因为他们错误地认为这样做能够获得有效的反馈，对此我们非常担忧。苏格兰当地的一位专业人士试图使用指南为扩大班级规模辩护，全然不顾所有的证据都表明，平均而言，较大班级中学生的整体学习成绩倾向于更差一些。我们所提出的观点是，缩小班级规模的效果只有一定程度的效果而且成本非常高，因此并不是帮助学生的高性价比的办法。

英国的试验

我们在英国开展了一系列随机控制的试验，调查了学校干预的情况，实验结果印证了我们对于在教室运用证据的内在不确定性的疑虑。在7年的时间里，教育捐赠基金会与超过10 000所中小学、幼儿园和大学达成协议，开展了150项随机试验，涉及约一百万名学生。大多数方法的试验情况并不比其他学校"正常教学"的效果好多少，只有四分之一的教育捐赠基金会研究结果为在更多学校开展大规模试验提供了充分证据（EEF，2019a）。最有前景的项目帮助学生在一学年时间里取得了相当于一年额外再加3个月的进步，但是在扩大规模并运用于上百所学校后，这一效果显著下降了。

我们仔细搜集并查看了教育捐赠基金会的评估报告，一条共同的主线出现了。英国学校的同伴教学试验就是一个典型的例子（EEF，2017a）。同伴教学，即学生互相教学，数十年来全世界范围内的众多学校所积累的证据都表明这是一种前景非常好的方法。然而在英国展开的评估平均结果却没有显示出其与正常教学效果相比有任何优势。怎么会这样呢？一部分原因在于过去的低质量的研究高估了效应的大小，但是更为关键的方面在于信息的传达。一些老师觉得让同伴教学发挥作用需要更多的指导和时间，另一些老师觉得这个项目的规范性太强了。在为教师提供细致的指导和让教师根据自身情况改造项目之间找到恰当的平衡是十分艰难的。我们或许还忘记了小学生教给彼此的内容也是很重要的。我们需要保证内容的正确性，就像保证教学方法的正确性一样。每间教室都是由教师和学生组成的独特的交际网络。传达信息的难度是很大的。

什么是有用的？

我们写作本书的目的就是为了抓准指南的精神，探索在教育中"什么是有用的"的实际情况。一方面，这意味着要为教师和学校领导者提供实践提示；另一方面，这也意味着要使教师获得一定的合理的怀疑精神，让他们审视自己在学校和教室中所使用的方法是否有用。正如我们接下来所要解释的，本书让我们在新的领域展开探险，使我们能够基于一系列学生试验的结果，阐释在应用许多方法的过程中反复出现的原则，并提出有见识的同时更有预见性的观点。我们评估了21种不同教学方法的相关研究和证据。我们认为教师和学校在借助证据提高自己学生的学业成就时，是需要将一些基本原则熟记于心的。

"什么是有用的？"是一个看似简单的问题，但是作为本书标题的这个问题[1]却是非常重要的。仅仅知道过去对于一些学生和教师来说有用的方法，无法保证我们能够预测未来其对于其他教师和学生来说教育效果如何。"什么是有用的？"是"在什么情况下什么样的方法对谁有用？"的简略表达，我们对于回答这个问题所做出的最好的尝试，就是解释如何在每种方法中运用香蕉女郎原则。

这一原则强调了我们在总结不同研究效应大小的过程中观察到的数据模式。每类工具在不同儿童身上的效应差异要大于不同类别工具的效应差异。是否选择应用同伴教学不是最重要的，重要的是如何应用。某种方法的效应的延伸性与其平均效应一样重要。了解这些你就会知道要关注什么，避免什么，以及如何将发挥作用的机会最大化。

比如课堂上的反馈，如果收集得当，平均而言能够带来比绝大多数干预手段更多的学业收获，但是也有研究发现有一些提供反馈的方式可能不利于学习。总体平均数据表明反馈对教师来说是不错的办法，但是结果的差异会让人担心这么做是否会增加给学生带来不利影响的风险。

---

[1] 本书原书标题为"What works?"，中文书名意译为"这样教才有用"，此处为对"What works?"的直译。——译者注

正如埃拉·菲茨杰拉德1938年在她的歌里唱的,"与你做什么无关,与你如何做有关"。对于反馈来说亦是如此,师生之间传递信息的时机是很关键的。如果太早,就容易有揠苗助长的风险;如果太晚,就会错过最佳时机。

研究的局限性

教师在利用研究证据时总是会有局限性。研究证据无法为每一个问题提供答案,我们从元分析中获取的知识就像是中世纪的世界地图,只有一些领域被了解得很详细,比如阅读的学习(Higgins,2018)。而关于其他领域的证据虽更薄弱,但仍是连贯的,比如协作学习或小组教学。还有一些领域是未被发现的神秘土地——如关于学习风格和多元智能的一些设想。

教育领域的大部分土地都已经得到了开垦,但是在提高教学决策取得成功的几率方面,还需要有更多的探索。在我们所了解的世界里,有错误,有空白。一些基础研究并不像我们所想的那样可靠。我们常用的方法假设不同研究领域没有系统偏差(Simpson,2017)。但是偏差确实存在,这可能会使我们的一部分研究结论失真。我们的地图并不能如我们所愿地准确反映实际,但是这是我们唯一的办法,也是我们千里之行的第一步。

我们的指南指明了前方的路不会一帆风顺。研究者已经发现在效能型教师(effective teacher)当中观察到的做法的效果对在一组不同教师中应用的效果几乎没有预测性(Coe等,2014)。某种做法会提高学生的学业成就,但凡事总有例外。更为可靠的结论是,效能型教师的行为是很难被作为典型的,教学效果更多地依赖于教师是如何与学生个体相联系的(Brown等,2001)。优秀的老师是"编曲大师",知道应该在什么时候为什么样的孩子做什么。重要的不是他们做了什么,而是他们是怎样做的。

在人类的复杂互动之中促进学习就像是在波浪里航行一样。课堂反馈就像是将瓶子扔进大海里一样——没有人敢说瓶子里的信息终有一日定会被人发现(Hargreaves,2011)。在《学习者的隐秘生活》(*The Hidden Lives of Learners*)

一书中，作者格雷汉姆·纳托尔（Graham Nuthall，2007）揭示了每位教师在课堂上所面临的挑战：学生70%的时间都在假装听课，学生所获反馈中的80%来自他们的同伴，而其中的80%都是错误的！

教育世界也是一个在不断进化着的生态系统，什么是有用的随着时间的变化而变化。我们现在知道，经过培训后可以一对一或为小组学习提供特定支持的助教，将可以帮助学生在一学年时间里，取得相当于学习一年额外再加5个月的效果。这一发现源于几项实践的新证据（Sharples等，2018）。由此，这一领域的地图就得到了更准确的描绘。在小学和中学的很多学科上，都发现了这一学习效益。

在本书中，我们运用了所能找到的最好的证据——超过200篇包含8 000项干预研究综述的汇总和集成。这些是当下我们所能找到的最好的证据。如果像英国教育捐赠基金会和美国教育科学研究所（the Institute for Education Sciences）这样的组织继续给予评估基金支持，那么这些基础证据的质量将会进一步提高。这一切正说明了大规模提高学生学业成绩是十分困难的（Lortie-Forgues和Inglis，2019）。但是这样的过程能帮助我们理解什么时候为谁做什么更好。

更广泛的成就

在本书中，我们也提供了对大规模提高学生学业成就——不仅仅是考试成绩所反映出的学业成就——有帮助的做法的指导。教师在意的是他们的学生的幸福感，他们希望学生将来能成长为独立而自信的成年人，为在工作环境中与他人合作解决问题做好准备，并且能够在离开学校之后拥有成功的人生。然而，关注这些必要生活技能的研究却很少，这使得我们所能利用的证据的推测性更大（Gutman和Schoon，2013a），但是我们不能忽视它们，因为它们研究了人类的发展。

我们从未想过要破坏学生的自尊心，并暗示无论做什么都不能改变他们的前途。但这或许正是为什么根据外在能力水平对学生进行分组，特别是在僵化的几乎没有组间流动的情况下，学生的发展会受到阻碍。家境较差的学生所面临的风险更大，因为他们发现自己始终被困在低能力组。这将会导致学生的自信心急剧下降，表现迅速恶化，成绩一落千丈。

开展旨在加强学生社会和情绪学习的干预，能够改善学生在校内外与他人的人际关系（EEF，2018a）。学生学会如何管理自己的情绪，从而成为更好的人。最有效的项目必须植根于日常课堂实际，同时需要教师培训的支持。成功的策略可以改善学生的态度，提高学生的成就，这是一个十分重要的发现。然而自律和坚持等品质却不幸招致了"非认知技能"这一命名。其实这一命名方式弄错了重点，实际上它们与其他任何学习技能一样，也是"认知性"的。教师需要认识到，任何的课堂策略，都需要考虑学生的这些品质。学生的思考和感受是密不可分的。

参与艺术和体育活动本身就有很重要的教育价值。这些活动可以帮助学生提升自信心和幸福感，增强社交和领导技巧。它们应该得到重视，被视作更广泛的学校课程的组成部分，而不是仅仅被视作提升考试成绩的途径。更加广泛与均衡的课程十分重要，对于学生个体来说，可以在更大范围内获得成功；对于整个社会来说，其拓展了社会的广度，可以帮助我们的孩子和年轻人为学校外的世界做好准备。

意外发现

研究者素有破旧立新的惯性。在每一章，我们都为一线教师提供了意想不到的金点子。这些金点子在减轻教师工作负担的同时，能够增强学生的学习效果。

比如，在批改时要遵循少即是多的原则。指南中的结论指出，反馈对学业成就很重要这件事无形中给老师增加了压力，促使老师做出更多批改。实际上，有效反馈的关键在于表达到位、接收到位以及执行到位。堆积如山的批改试卷对此毫无帮助，只是原地踏步。教师应该聚焦基本错误而不是把时间浪费在粗心错误上。学生一时的分数会蒙蔽教师，使得教师忽略原本应该重视的学生接下来如何进步的问题（Black 和 William，1998）。

类似的，自然拼读法对于学习阅读困难的学生来说非常有效，这一点得到了很多证据的支持。但是，对于阅读新手而言，取得成功到底需要掌握多少拼读法；对于运用自然拼读法无效的学生，我们是否应该采用不同的策略；这些问题还远远没有得到解决。

教学与领导技巧

我们为教师和学校领导提供了上百条实用建议及技巧，这些是我们花大力气从学术论文中提炼出来的。把研究结果转化成实践指南是非常棘手的工作。从成百上千的单项研究中总结教育证据就好比在一锅草莓酱里捞草莓（Higgins 和 Hall, 2004），你能看见草莓，但是元分析的过程就像是制作果酱时煮沸和凝固的过程一样，使得草莓的味道发生了改变。其中一个反复出现的建议是教师在评估和评价自己所选择的做法时，要设置清晰的目标，明确实现目标的做法，以及确定衡量成功的标准（关于这一部分的具体内容，请参见本书第 125 页[1]）。

原则

香蕉女郎原则——原则的落实与原则的内容一样重要——是贯穿所有教学方法、反复出现的三原则之一。作为普遍法则，香蕉女郎原则、金发姑娘原则[2]和马太效应为教室里的复杂情况提供了一条共同主线。在一些章节中，我们也提到了只与某种方法相关的其他一些特殊准则。

金发姑娘原则

金发姑娘原则说的是刚刚好——不能太多，也不能太少。在《金发姑娘

---

[1] 书中所提页码均为原书页码，请读者按照正文两侧边页码对照查找。——编辑注
[2] "金发姑娘原则"源自童话《金发姑娘和三只熊》的故事，"金发姑娘原则"指出，凡事都必须有度，不能超越极限。——译者注

和三只熊》这则童话中，金发姑娘希望粥不冷不热，温度刚刚好。教师每天在工作中要对数不清的、需要权衡的事做出判断。金发姑娘是香蕉女郎的小妹妹——一个关于"你做的事情如何影响教学"的特例。

当教师在每一节课上反馈鼓励学生不断取得学习进步时，就用到了金发姑娘原则。提供太多挑战是为学生设置无法逾越的鸿沟，提供太少挑战会使得学生错失学习新知识的机会，把握好这个度需要良好的协调技巧，需要做到及时而具体。如果学习目标模糊或者不合时宜，学生就会失去信心。反馈需要刚刚好，就像是推秋千，看上去很容易，但实际上是一个需要把握准确时机、合适力度和正确方向的整体协调的动作。力度太小，学生就会慢下来；力度太大，学生就会摔下来（Higgins，2018）！

金发姑娘原则也同样适用于布置家庭作业。即使是在最理想的情况下，当学生学习时没有合格的教师在场仍是风险性很高的教学方法。布置一定数量的作业对于高年级的学生来说可能是有总比没有好，但是太多作业就会阻碍学生的学习。研究指出，对于高年级学生来说，每天晚上学习的时间不应该超过2小时（Cooper等，2006）。在另一些国家，有家长认为放学之后学校就不应该再占用学生的时间了，因为他们还要学习和享受其他东西。

马太效应

我们希望贫困学生能够从基于更丰富证据的课堂中获益。家境较差的学生与其他情况较好的学生的学业差距依然十分明显（Andrews等，2017）。这种差距在大部分课堂上都可以看到，是由学生在校外所经历的不同境况造成的。教师的热情和坚持正是源于希望为此做点什么。

教育是位置商品[1]，你的标准并不重要，重要的是你比其他学生好多少，因此这一过程就是个艰难攀爬的过程。学校还正在努力实现让更多的学生吃上免费

---

[1] 位置商品（positional good），是指其价值依赖于与他人比较的相对效果的商品。——译者注

午餐，争取超过 16 岁学生的国家基准线，但是特权阶层的孩子早已经遥遥领先了（Major 和 Machin，2018）。

一项国际研究发现，超过 60% 的 14 岁英国学生的成绩差距在刚开始上学时就已经存在了（Bradbury 等，2015）。家境最好的学生比家境最差的学生在小学起步时就已经提前了 19 个月。大约一半的差距是与家庭学习环境密切相关的，这表明了学校之外的因素对学生的学习影响有多大。在社会存在更多不平等的地区，学生学业成就的差异更大。教育系统就像一个平衡块，与拉大社会优势群体和弱势群体教育差距的强大力量相抗衡。

学童津贴政策出台于 2010 年，是英国政府旨在缩小学业差距的一系列行动中的最新举措（Major 和 Machin，2018）。这是一项大胆的尝试，为英国学校中的贫困学生提供了数十亿英镑的支持。然而，我们担心为了增强学习效果所资助的优先事项可能受到误导，无法真正起作用。比如其中一条建议是学校应该缩小班级规模。这听起来很棒，但是却可能收效甚微。因此出版"学童津贴指南"是我们的责任。

我们所面临的挑战是课堂上贫富教育差距日益加剧的趋势。这就是马太效应，源自《圣经》中的一句话："凡有的，还要加倍给他叫他多余；没有的，连他所有的也要夺过来。"（《马太福音》，第二十五章。）

我们能够在教学的很多方面观察到这一效应。在小孩子学阅读的时候就能观察到（Stanovich，1986），阅读速度慢的孩子读得就少，就会被他们的同伴远远甩在身后。接着糟糕的阅读技巧也会阻碍他们其他科目的学习，他们就会沦为教育的失败者。

贫困学生更有可能被置于更低能力的分组中，哪怕他们已经显现出强大的学习潜能。他们经受着错失最有效能的教师以及自我价值感受到冲击的双重打击。分组越僵化，分裂越严重。

我们强调了可以逆转教育盛行的风向的方法。同伴教学能够激发贫困生和学困生取得进步。元认知方法可以帮助学生明确学习目标，对学困生的作用比对其他已较成功的学生的作用更显著。

教师要注意到劣势在学生中间显现的各种各样的方式。我们所要探讨的决不是根据学生是否能够得到免费学校午餐这样简单粗暴的区分标准，也不是他们是否有特殊教育需求或者其他障碍。你是什么时间出生的，是在哪里出生的，是如何出生的，都对你的教育期望有着深刻的影响。在六月至八月出生的孩子的自尊心更低，对自己的能力更不自信，更倾向于做出冒险行为。如果我们渴望建立一个合理的学校系统，那么就必须要应对夏季出生的劣势。

出类拔萃的优秀教学是让非特权阶层的学生取得进步。最有效能的教师能够让班级中不同背景的学生都取得成功（Kyriakides 等，2018）。在效能不高的教师的课堂上，穷困学生就会被远远落在后面。效能高的教师与效能不高的教师的最显著的区别就在于在更成功的教师班上，学生能额外取得约 3 个月的进步成果（Hanushek 和 Rivkin，2010）。我们永远可以做得更好。我们该如何聚焦于哪些更有可能带来学习成果的做法呢？是否存在某种特定的针对贫困生的教学方法，能够让在校外得到支持更少的学生受益？本书为应对这些困扰学校数十年的挑战提供了一些探索性的回答。比如针对性的一对一或者小组指导，可以帮助学生进步（请参见本书第 29 页）。

还有其他一些十分有效的项目，比如免费提供早餐、睡眠教育和确保给视力下降的学生及时配眼镜，都能够帮助学生更好地为学习做准备（请参见本书第 97 页）。或许学校应该给学生一些基本的保障，比如教学生在吃饭的时候如何围坐在桌子边，这有特殊的教育意义。同时，在预算扩张的情况下，对学校不应该做的事也要有明确的指示。我们担心学校因需要帮助学生做好学习准备而分心，导致忽视了学习本身。

阈值效应

阈值效应是指事物在突破某个极限之后，突然发生全新的变化。阈值从积极的方面看就是临界值，积累到一定程度后能引发质变；从消极的方面看就是"压垮骆驼的最后一根稻草"，是事物坏掉或停止工作前所能达到的极限。

在数学课堂上，当教师高于一般学科教学知识水平，学生未来的课堂学习会逐渐进步。如果教师的学科教学知识水平低于一般水平，教学就会遭遇失败（Hills 等，2005）。教师需要对学科足够了解，以发现阻碍学生进步的常见的概念错误，这非常重要。同时，小班化教学对于提升教学成功几乎不起作用，仅在班级人数低于 20 人的情况下才有效果。这似乎也是教师改变教学方式的自然阈值——即在更小的分组中收集更多个性化的学生反馈。

在教学中，更多并不总是更好。从手机到交互显示，越来越多的数字技术和工具降低了回应率，分散了本该关注教学核心的注意力。短时大量且高频的语音教学法仍是学生发展流利语言的最佳方式（Sobel 等，2011）。要避免教学生他们已经知道的东西，否则只是浪费时间。

成为一名好老师——两个比喻

我们希望本书可以为教师发展实践技能提供一些有用的技巧。学会教学是很复杂的事。你要做的是努力组织 30 个孩子开展活动，确保他们每一个人都能获得新技能、新知识或新见解，同时还要考量你的行为的短期和长期影响。教师是对课程的整体教学负责的。真正的挑战在于取得协作的成功，这与在某些事项上取得成功一样重要。

两个比喻或许是值得思考的，它们都强调了人类活动既是科学，也是艺术。第一个比喻是把教学比作一件简单得多的事，即学车——涉及一人一车。第一课是至关重要的，你需要在想着沿规定方向前进的同时考虑速度、排挡、车镜、方向盘和刹车。随着一点一点地练习，当你分别掌握了上述每一项技能，你就可以专注于协调这些技能从而把车开到你想去的地方。又过了一段时间，开车变成了你的第二本能，你每天开车上下班就几乎不需要想怎么开车了。良好的教学看起来可能毫不费力，然而背后却其实已经付出了很多努力。

另一个十分有用的比喻是学做饭。作为业余厨师，我们都有自己擅长的菜谱和做法，知道如何准备原材料可以制作成特定的菜肴。而一位专业的大厨，则接受过系统性的训练，学习过如何使用特定的烹饪技巧，比如怎样准备经典法式酱料、白酱、西班牙沙司、荷兰酱、番茄酱和肉汁。这些经常被称为"母技能"，因为借助这些技能可以基于核心的菜谱衍生出无数的变化。大厨不仅知道如何准备这些，还知道要选用什么样的盘子，以及哪些原材料可以相互搭配。

教学技巧和技术也是一样。一些经典的教学工具和技术，是一切教师工作的基本功，比如解释、示范、演示和提问。还包括其他一些关键性的组织策略，比如协作学习。从思考、配对、分享（请参见 www.readingrockets.org/strategies/think-pair-share），到拼图式小组或卡根的协作结构等参与度更高的技术（请参见 www.kaganonline.com/free_articles/research_and_rationale/330/The-Essential-5-A-Starting-Point-for-Kagan-Cooperative-Learning）。

你可以使用不同的原材料或者处理方式，但是运用基本食谱的方式是存在着限制的。一些基础性的东西比其他东西更具灵活性，或称"兼容性"。与做炖菜相比，制作糕点要把握更精确的比例和火候。众所周知，即使是最基础配方的舒芙蕾[1]，也是出了名的高难度甜点。教学也是这样，一些教师专业水平非常高，能够轻松运用不同的技术，解决不同内容的任务或者学科问题。他们能够完美匹配教学方法、内容及学生，并最终呈现出一堂"美味可口且营养丰富"的课。

但是电视节目《英国家庭烘焙大赛》(*The Great British Bake Off*) 却提醒我们，这项挑战难度非同一般。每位选手都拥有相同的原料、食谱和设备。这是对烹饪技术的巨大考验。在教学中，我们是否有学习新的教学技术并在不同内容和场景中练习从而成为专家的机会呢？教师需要有组合和"烹饪"的技术，才能避免课堂索然无味，使课堂学习真正有效起来。

---

1 舒芙蕾，是一种源自法国的甜点，主要是将蛋黄及不同配料拌入打匀后的蛋白，经烘焙质轻而蓬松，对烹饪技术要求很高。——译者注

写在最后的话

本书中的重要内容证明，所有好老师都必须知道些什么。最重要的事就是师生在课堂上的互动：要通过表达和接收有效反馈推动学习；要鼓励学生运用元认知或者反思思维策略的方式进行独立学习；要为发展落后的学生提供一对一（甚至是二对一、三对一）的指导。学校中的结构性调整——缩小班级规模或者建立新型学校，对于学生的发展几乎没有影响。需要注意的是，你离课堂互动越近，香蕉女郎原则的运用就越多——你是如何做的才是真正重要的。

这一原则在更深的层次起作用。研究表明，教师的信念——即他们为什么采用某种方法，他们希望实现什么样的目的，以及他们怎样解释学习是如何发生的，影响着他们的学生的进步情况。换句话说，"与你做什么无关，与你为什么做有关"。效能型教师相信所有学生都能够取得进步（Coe 等，2014）。

本书能够帮助教师站在自己的角度思考，而不是跟从一时的风尚、新奇的项目或者政府的法令。无论我们是否喜欢，学校的运营始终是在教育市场中进行的，当具体项目的主张摆在面前时，学校的领导者需要对其加以评估。

我们也完全解决了萦绕在教育系统的挥之不去的迷思，就像是去除了紧紧吸附在船底的藤壶[1]一样。广为流传的学生有偏好的学习风格的理念并没有经得起科学的审查。让学生自己发现关键概念这一做法也缺乏实证基础。如果过多表扬学生，不仅不能增强学生自信心，还会传递低期望的信息。

领导者需要创设一个充满信任和挑战的环境，这个地方要能孕育出对证据的开放心态和怀疑精神，让大家去探究到底什么是有用的，以及同等重要的问题——什么是没用的。无论是道德层面，还是经济层面，都迫切要求领导者这样做。 个足以挑战任何一位学校领导的问题，就是问他们："你阻止了哪些做法？"我们强烈建议教师在考虑影响的同时考虑自身付出的成本：与你付出什

---

1 藤壶，俗称"触""马牙"等，是一种小甲壳动物，常附着于水下岩石或船底等。——译者注

么无关，与你如何付出有关。学校的预算很紧张，比如小班化教学或许比一对一辅导更有可能成功。你需要让教育的付出更有回报。

我们希望证据能够丰富和助力实践，而不只是对实践有影响。本书并不是为教师提供能够变出完美教学的魔法药水，而是帮助教师在充满不确定性的世界中航行，提高学生发挥自身潜能的可能性。一切在你手中，一切取决于你。只要记住："与你做什么无关，与你如何做有关。"

如何使用本书？

本书分为 21 章，每一章关注一种常见的教学和学习方法，并按照下面的固定结构展开。这一结构将会帮助你顺利从书中找到你所需要的信息。

章节概况

每一章开头都有要点表格，对每一章的具体内容作了概括和摘要。这个表格包括对方法的效应量（积极的或消极的）的估计，是基于现有的研究和证据，以采取这一方法的班级可能获得多少个月的进步作为衡量依据的。如果想要了解更多效应量测量方法的信息，请参考第 xxii 页"关于本书所用技术的说明"部分。

是什么？

在表格之后，是一段对教学方法或教育问题的简要说明。

有用吗？

在这部分，包含对有效性证据的说明，对证据类型的补充信息，以及对证据在不同情境中的影响的变化。评估通常是基于支撑指南的基础证据进行的，同时其他证据的运用也有清楚的说明。另外，还对除学业成就外，某种方法可能附带的益处进行了讨论，比如更好的行为或者社交表现。

如何起作用？

我们通常无法确定课堂上那些起作用的方法的内在机理，但我们在这里讨论的是在实践中，具体的方法怎样才可能高效起作用。我们将关注对成功实施方法起到支撑作用的每一条重要原则，比如香蕉女郎原则、金发姑娘原则和马太效应（请参见第 xiv 页），这将能帮助你明白，在实践中运用该方法时，如何最有可能成功。

有用的引言

我们在一些章节中的特定区域中增加了相关的引文来解释、强调和说明。

意外发现

在证据方面总有违反直觉的发现，或者是一些让人感到意外的东西。在这个栏目中我们会与你分享这些发现，它们让我们感到惊奇！

教学技巧

每一章中我们都为教师提供了一系列技巧和建议，旨在帮助教师把证据转化为成功的课堂实践。请记住，这些并不总是每次都能对每一位学生起作用。不过，它们的确是基于现有证据的最有可能成功的办法。

领导技巧

我们知道，如果想要证据在学校扎根，领导是非常重要的。有些时候，缺乏领导支持，以单打独斗式的方法是很难开展应用的。在这一部分，我们为学校中上层领导团队提供了实践指导，旨在帮助他们在自己的部门或者学校运用证据变革实践。

重点阅读

我们还推荐了一些其他的阅读材料，既有学术方面的，也有实践方面的，可以帮助你进行更多思考。如果你想要了解更多，就可以阅读这些内容，从而更透彻地了解某些主题或者问题。

怎么教才有用？什么方法有用？
关于本书所用技术的说明

概述

我们在本书中所使用的证据主要来自于约 200 篇教育研究综述，每一篇都汇总了 50 项及以上的独立研究报告，而这些研究大部分都涉及数百名学生。我们运用了一种被称为"元分析"的特殊方法分析这些研究，这种方法是由研究者就某一主题收集尽可能多的研究，并对这些研究的发现进行结合或者集中。这种方法在很多领域得到了运用，特别是在医学研究领域，但是其最早是在教育中发展出来的（Higgins，2018）。《萨顿信托-EEF 教学与学习工具指南》所运用的正是这种研究方法。不过，在我们觉得需要解释或者超越这其中所包含的内容时，我们还是会引入其他一些研究作为补充。

用好研究证据先要理解证据的本质，这很重要。当我们引入更广泛的证据，就能说明得更加清楚，我们在文中还补充了能够供读者查阅某些研究的摘要。这份指南更重视实验研究证据，因为它们的说服力比关注原因和影响的其他研究更强。有时我们在一些问题上并不能得到这样的证据，比如有效教学和夏季出生的孩子，这时我们所能依靠的就只能是相关研究，基于研究者对于效应模式及其与学生进步之间关系的观察。虽然你没办法随机安排孩子在某个特定的月份出生，但是你可以考察一年中不同时间出生的孩子所取得的进步情况。

好机会

我们用上述方法阐述已有的综述，因为这是我们总结证据的最好办法。不论单一的研究设计和实施得多好,都不能成为教育中最可靠的证据。要从研究中明确通用教育法则,需要考虑不同教师、学生、学校以及学科千变万化的情景。但是我们相信通过广泛阅读研究,能够寻找到有效作用模式。在我们试图找到某个项目或某种方法的"典型"结果时尤为如此。它能够为我们提供一个指标,说明某种方法是不是"好机会"。如果从整体上看,某种方法成功的可能更大,那么这种方法就值得我们学习。虽然这不能保证该方法在你的学校、对你的学生、对你一定有用,但是它至少是对你所期望的结果的指导。这是有用的方法,而不是或许有用的方法。因为通过在众多研究中寻找研究结果的模式,研究证据可以帮助你发现这一点。研究能够告诉我们,平均而言,什么方法是有用的。

平均

正如迪伦·威廉(Dylan William)所说的,"虽万物皆有用,却无万用之物"(Everything works somewhere and nothing works everywhere)。挑战在于把对你可能有用的方法用好。这也意味着一些似乎会遭遇失败的事情对你来说却可能是有用的,不过这一般不太可能,至少平均而言不太可能。如果真是如此,你就得逆势而行了。如果你能发现为什么对于你来说这或许是个好办法,并且做好承担风险的准备,那么这个方法仍有可能成功。你要超越平均从而使这个方法奏效,这并不是不可能的。某些地方的某些教师能使这个方法奏效,你只需要像他们一样就行了。从这个角度来说,与《萨顿信托-EEF教学与学习工具指南》类似的方法为你提供的是风险选项列表,展现的是不同情境中成功与失败的做法。效应越大,风险性越低,只需要付出与平均研究相同的努力就可以使这个方法奏效。效应越小,要想取得成功,就得付出更多额外的努力。某种方法可能像是有风险的例外,但是如果你掌握内部知识,就有可能使其在你和你的学生身上奏效。你必须对此有清晰的认识,还要小心防范任何陷阱。

进步月数

一项元分析综合的是其所涵盖的所有研究的平均效应。我们对于效应大小的估计来自《萨顿信托-EEF 教学与学习工具指南》。该指南选取了不同元分析的平均效应量，并将其转化为某个班级成功实施某种方法后，有可能获得的预期的标准进步月数（EEF，2018a）。单一研究的效应量是通过将原始测量分数转化为比例或者基于标准分数分布的比例（标准差）来表示的。其所依据的是学生在接受干预后一学年内取得的正常进步，数据来源于全国统一考试以及其他考试（Higgins，2018）。这只是一个基于一系列假设的估计值。最主要的一个假设是所有潜在的变化或偏好都平均地分布在指南中。据我们所知，一些研究的特点影响着对效应的估计：

- 大规模研究的效应量一般更小。
- 针对年轻学习者或有特殊教育需要学生的研究效果一般更显著（这类研究的分数分布更窄）。
- 单一领域的结果（比如词汇或者拼写）比综合领域的结果（比如阅读理解或者独立写作）更容易体现进展。

上述这些特点会影响或者"左右"研究的某些领域。我们的指南假设每个领域都有足够的不同类型的证据。这并不是最理想的做法，但是至少是目前的最优解。解释效应量是十分困难的，0.2 个标准差的提高到底应该如何解释呢？进步月数则是一个更为直观的整体指标，能够让人感受到学校里学生的变化。但这是对译文的再翻译，如果你在谷歌中试着把法语内容先翻译成俄语，然后再翻译成英语，你就会明白我们的意思。

下面这个表格列出了 EEF 指南中所使用的转换，这个转换基于假设学生每年取得大约一个标准差的进步并把这个标准差平均到每个月。这个估计值体现了学生每天、每周和每月非光滑线性排列的不均匀的进步情况，也体现了进步随时间的变化情况：低年龄学生的进步速度一般更快，而高年龄学生的进步会慢一些。

进步月数	效应量从……	到……	描述
0	−0.01	0.01	非常低甚至无效应
1	0.02	0.09	低
2	0.10	0.18	低
3	0.19	0.26	中等
4	0.27	0.35	中等
5	0.36	0.44	中等
6	0.45	0.52	高
7	0.53	0.61	高
8	0.62	0.69	高
9	0.70	0.78	非常高
10	0.79	0.87	非常高
11	0.88	0.95	非常高
12	0.96	>1.0	非常高

以阅读（自然拼读）为例，在最开始的几年，学生要掌握字母代码、英语的拼写体系和早期阅读词汇的编纂方式，紧随其后学习的意义和理解使得学生不仅能学会如何更有效地阅读，还可以通过阅读学习。而以 12 岁孩子为例，他们的词汇量和理解能力仍在发展，尤其是在整体课程方面，但是发展速度却是不一样的。

与此同时，学生的分布更分散了。一些学生跑在了前面，其他一些则进步得慢得多。每一年这个差距都会越拉越大。为了知道效应量的大小，我们借助分布将学业成就标准化，因为高年龄学生的基数人，所以分到学生个体身上的效应量就会比较小。

在某种程度上，这些问题互相抵消平衡。效应量随着学生年龄的增长而减小，但其实进步也是如此，这样月数的转换就不像看起来那么不均衡了。或许，你可以换个方式使用这个分布，如果知道效应量，就可以确定进步月数；如果知道进步月数，就可以确定影响的区间。

小结

证据是关于什么是有用的，而不是什么会对你有用。作为一名老师，你需要决定什么适合你身处的环境以及自身的技能与能力的需要。我们所使用的是平均值的平均值，考虑到了所有的数学风险。效应的分布永远存在，所以它总能在好的选择和有风险的例外上给我们指示。至少目前为止，这是我们比较不同方法的相关影响的最好办法。

第 1 章
改善课堂教学

学业成就	+4 个月	-1　0　+1　+2　+3　**+4**　+5　+6　+7　+8
学习效益	• 提高学生在独立思考、自尊、自信心、毅力和解决问题的技能方面的表现。	
意外发现	• 过度表扬学生反而会妨害学习。	
教学技巧	• 借助学生进步情况衡量教学。 • 为挑战和创造实践创设信任的环境。 • 在三人小组或两人小组中尝试应用相互监督。 • 在对学生错误概念理解缺乏的情况下引入目标支架。 • 提供清晰、明确和具有挑战性的目标。 • 在协调反馈时寻求顾问的帮助。	
领导技巧	• 持续监督整体框架，从而促进教师优化实践。 • 分享自己所面临的挑战，营造相互信任和专业学习的文化氛围。 • 谨慎使用观察结果和学生数据。 • 对于如何做才能实现良好的教学，全校要达成一致意见。 • 要考虑特定学科的教学指导。 • 谨慎安排高层领导和其他顾问监督。	
涉及原则	• 香蕉女郎原则 • 马太效应 • 阈值效应	

2 是什么?

我们首先超越《萨顿信托-EEF教学与学习工具指南》的范围，检查具体的教学实践，从更广泛的教学与学习的相关研究中，总结有关教学重要性的经验。改善教学涉及三个挑战：定义什么是良好的教学；观察和测量良好的教学；以及提供反馈以改进良好的教学。每个阶段都相当不易，要做到"良好"确实有难度。有效的课堂教学没有基本"食谱"。自诞生以来，课堂教学就被称为最复杂的人类活动（Shulman，2004）。一项包含超过200项研究的综述得出结论，良好的教学就是那些让学生进步的教学（Coe等，2014）。

让教师们在信任和挑战的气氛中互相观察彼此的课堂实践是一个良好的开端，但这并不是精确的科学：即使是有经验的教师，在良好的教学是什么样的这一问题上，依然存在分歧。观察这一实践活动对于观察者和被观察者都有利。观察其他教师会使你反思自己的教学技巧和方法。在信任和挑战的环境中，教师三人一组轮流进行教学和观察，是一种提高实践

> 课堂教学……也许是我们这一物种曾经发明过的最复杂、最具挑战性、最苛刻、最微妙、最细致、最令人心惊胆战的活动。
>
> 李·舒尔曼（2004）

的有力途径。专业发展的长期效果可能不会立即显现，但是研究发现，在有支持性的专业环境的学校工作的教师，三年后能力依然继续在提升——这挑战了先前声称所有教师仅在一开始有能力提升，随后就进入瓶颈期的观点（Coe等，2014）。在得到更少支持的学校工作的教师，效能更低。

由准备充分的观察者经多次观察得出的结论应该得到其他两个维度措施的支撑——学生进步数据和学生反馈调查。教学评估应该是一个形成性过程，帮助教师发展他们的技能和知识。许多教师发现给其他教师提供准确和真实的反馈很难。这方面的原则与给学生提供反馈时相同，需要及时、聚焦、积极，并且应该指引前进的道路。这最后一步经常被遗漏，从而导致教师错失学习机会。

有用吗?

良好的教学能让学生获得更大的进步。在（英国）普通中等教育证书（GCSE）考试的一系列学科中，效能型教师比普通教师所教学生成绩高三分之一。在数学方面，研究发现效能型教师能在一年内将学生的表现提高25%—45%，这相当于《萨顿信托-EEF教学与学习工具指南》研究中所指的大约3—5个月的学业成就。上述这些研究并不是确定良好的教学的构成要点，只是表明不同教师的学生的进步各不相同（Sutton Trust，2011）。

家境较差的学生的潜在影响也可能很显著，一些研究甚至提出，跟随高效能教师学习一学年，他们可以取得比跟随低效能教师学习额外多一年的学习效果（Sutton Trust，2011）。

然而，提高教师的效能并不容易。在英国学校开展观察项目试验，学生进步方面的获益并没有立刻显现，这与在其他国家的试验结果不同。原因之一可能是在英国学校，正常教学实践已经足够有效，所以该项目几乎没有显现额外的即时性优势（具体内容见方框"英国的观察试验"）。在量化这种方法的潜在长期效益方面，我们几乎没有数据。

 ## 学习效益

有效的教学可以通过许多有价值的进步成果来衡量——不只是考试结果，可能包括独立思考、自尊、自信心、勇气或口才方面的进步。良好的教学使孩子全方位成长，它不是针对考试的教学（请参见后页的更多内容，第125页）。我们可能还会看一下未来雇主重视的各种能力，例如解决问题、团队合作和承担责任的能力。我们经常忽略的一点，无论是否乐意，我们在学校所选择的教学方式明里暗里都包含着这些能力。

如何起作用？

评估良好（和出色）的教学至少应涵盖六个组成部分（Coe 等，2014）：教学内容、教学质量、课堂气氛、教室管理、教师信念和专业行为。在本书第 4 页和第 5 页，针对每个部分进行了更深入地探讨。有充分的研究证据表明，教师对某一学科有很好的了解并掌握核心教学技能，可以促进学生学习；而其他技能和特征对学生成绩的影响方面的证据则较为薄弱。然而，这并不意味着它们不那么重要，有可能是因为缺乏相关的研究。

将这六个部分组合在一起构成良好实践，没有固定的方式。教学效果也并不是只有一种。两位拥有不同技巧、知识和理解的教师，可能会对学生产生相似的影响。不同的特点可能在不同的时间发挥重要作用。专家型教师可以熟练地即兴发挥，知道何时何地为谁做什么。

教学方法的六个维度

以下是思考教学方法的有效性的入门指南。通过回顾教学有效性方面的研究和已有的指导，我们得到了下面六个维度。你可以参考下列内容来反思自身的实践。想想你在哪些方面已经做得不错，哪些方面可能需要加强。你能运用这六个维度，发展一套全校或全部门的计划，从而改善每间教室里的教学吗？

1. 教学内容

仅仅了解所教的材料还不够。教师必须得深入学生的思想并了解他们如何看待某个学科。教师需要从学生的角度出发，看到学生是如何在学习的旅途上走进死胡同、误入歧途和攀爬险峻道路的。

2. 教学质量

优秀的教师是持续性学习的协调者,知道何时催促并提示,清楚何时要快、何时要慢,以及何时要一对一、何时则要全班教学。他们掌握各种技巧——提问,评估进步,回顾以前的学习情况,提供示范,给予学生足够练习时间来巩固技能,逐步引入新的学习内容(脚手架)。有效的指导要能使学生为自己的学习迈出下一步。

3. 课堂气氛

优秀的教师拥有巧妙的平衡能力。他们创造高期望的气氛,但又不那么苛刻,避免损害学生的自尊心。他们将学生的成功和进步与其所做的努力而不是他们的外在能力联系起来。他们重视抗逆力或毅力。

4. 教室管理

在适当的条件下,学习会蓬勃地发展。优秀的教师散发着冷静的权威感——遏制不恰当的行为,并持续维护学生不能超越的底线。无法用纪律约束不守规矩的少数人意味着,大多数人的学习要受到不良影响。对课程时间和教室空间的安排也是十分重要的。

5. 教师信念

效能型教师对人的潜能信心十足。一项研究发现,当教师相信所有学生都有计算能力时,学生的数学成绩更好(Askew等,1997)。这不仅仅是你怎么教的问题,你为什么而教这一问题更重要。

> **6. 专业行为**
>
> 教师应参加合作性的专业活动，以增强他们的实践。他们应该反思并评估自己所做的事情，考虑证据和研究，并与其他同事一起致力于自己的发展。从课堂上抽出的时间也可以增强学习的效果。

十个教学神话

在学校里，隐藏着的教学神话和误解像病毒一样——每揭发一个毫无根据的做法，另一种就会蠢蠢欲动。一谈到提高教学质量，我们都渴望获得简单的答案和快速的成功。神话听起来很科学，而且通常符合直觉，因此很诱人。很多神话背后隐藏的是价值数百万英镑的产业，吞噬着脆弱的教师。

请时刻保持警惕。

在这里，我们列出了十种常见的课堂教学神话，尽管它们仍然广为流传，但它们已经被研究人员所揭穿。思考你现在正在做的事情是有作用还是没作用很重要。不要再做没有效果或效率低下的事情，否则将没办法让你腾出更多时间进行课堂教学，从而可能带来真正的改变。

1. 对学生进行分组

根据学生当前的表现将他们进行分组，对促进学习几乎没有作用——这是数学课堂上的研究结果，其环境是常规的，其他课堂也是一样（Gamoran，1992）。从理论上讲，它允许教师在课程中关注较窄范围内的节奏和内容。但实际上，这会夸大学生能力在同一水平上的感

> "哈利，我们的选择远比我们的能力更能够代表我们是怎样的人。"
>
> 阿不思·邓布利多
> （Rowling，1998）

觉。教师可能会在高水平组教得太快，而在低水平组教得太慢。学校也没有真正测试出学生的能力，而只是根据他们当前的表现分组。如果不是这样，就不会有那么多在夏季出生的孩子被称为"低能力"儿童了。在 8 月出生的孩子的能力比在 9 月出生的孩子的能力差吗？请在第 77 页查看更多相关研究内容。

2. 鼓励重读和对关键思想划重点

重读和划重点是最常见的，也是最显而易见的记忆或温习的方法之一。他们给人一种超越材料本身的错觉。但是，一系列研究表明，测试你自己，试着自己回答问题，以及遵循遗忘规律间隔学习，都是更有效的方法（Dunlosky 等，2013）。

3. 讲授内容前提高学生自信心和渴望

尝试在教给学生新内容之前激发学生的动力和自信心并没有太大作用（Gorard 等，2012），其对后续学习的影响几乎为零。如果学生在学习上遭遇失败，他们就会变得很沮丧。如果他们能够在学业上取得成功，他们也能获得自信心。渴望与成就之间有着密切的联系。增加成就是提供给学生一个提高渴望的现实机会。可以把这个想象成一个螺旋型的互动：增加成就—提高渴望—增加成就—提高渴望。

4. 以学生喜欢的学习风格进行教学

尽管数篇综述研究早已揭示了学习风格的真相，但是人们仍普遍坚持认为学生可以分为视觉型学生、听觉型学生或动觉型学生（Geake，2008；有关学习风格的更多信息，请参见本书第 73 页）。一项调查发现，90% 的教师同意以下观点：如果学生以自己喜欢的学习风格获得信息，那么他们会学得更好（Howard-Jones，2014）。但是证据是十分明确的：这种方法没有任何作用（Riener 和 Willingham，2010；Pashler 等，2008）。你可以灵活调整呈现信息的方式，鼓励学生理解自己的长处和能力，但不要坚持你所认为的学生的"风格"来限制他们。

5. 确保学生是主动的而不是被动的

注意"学习金字塔"，它详细说明了不同的活动要使用的材料的精确百分比，或者对多少人会记住他们听到、读到和看到的内容进行了数据化。这些百分比纯粹是唬人的。如果你想让学生记住一些事情，就必须让他们思考这些事情。这与身体上的"主动"或"被动"无关，因为学生大脑的运动是看不到的！"大脑体操"（Brain Gym）项目是基于这样的思想：运动可以为儿童带来最佳学习——即"教育运动学"。创始人声称该项目可以帮助提高记忆力、专注力和智力。但是，这一思想毫无任何证据支持（Watson 和 Kelso，2014）。如果你的课程太乏味，以至于学生需要定期休息，那么请考虑一下活动本身及其时间安排和速度。

6. 数字技术能提高男生的积极性和参与度

是的，但它也可以提高女生的动机和参与度。在数字技术对动机的影响方面，性别差异几乎不存在。关键问题是：数字技术会提高学生的学习动机吗？还是享受技术只是比平常的课程有趣？技术可以以各种各样的方式支持学习，但是"参与度更高"的课堂实际上可能并不意味着学习会更快或更有效。有关数字技术的更多信息，请参见本书第 83 页。

7. 助教无法帮助学生进步

的确，管理不善和准备不足的助教对学习没有多大影响（Blatchford 等，

2009）。但这就是重点：助教需要由教师管理，并接受培训和做好准备。他们可以是价值不可估量的教师助手。有关助教的更多信息，请参见本书第 25 页。

8. 缩小班级规模以促进学习

缩小班级规模对学生的影响是十分有限的，这让人感到惊讶（请参见本书第 87 页）。规模较小的班级只有在教师改变教学方式，满足学生的个别需求并从学生那里获得更多反馈时才能发挥作用。重要的不是减少班级人数，而是教师如何根据更少的学生调整教学风格。这就是为什么除非每位教师的班级里的人数减少到 20 甚至 15 以下，否则几乎观察不到（缩小班级规模对学习的）影响。

9. 表扬学生总是好事

表扬学生可能让人感觉是正确的事——肯定学生的工作。但是研究表明，错误的表扬弊大于利（Dweck，1999）。旨在鼓励和保护成绩差的学生所做的表扬，可能传达了低期望的信息。对糟糕表现的批评可以表明教师的期望很高。当表扬有意义且不那么频繁时，表扬就会受到重视。称赞学生的工作或努力比对他们个人本身作出判断更有意义（Hattie 和 Timperley，2007）。如果学生认为自己值得被称赞，那么他们将很看重所得到的称赞。与其说是（教师）给予称赞，不如说是（学生）得到称赞。有关有效反馈的挑战方面的更多信息，请参见本书第 13 页。

10. 让学生自己发现学习

没有证据表明发现学习比其他方法更好（Kirschner 等，2006）。从理论上讲，如果学生自己发现某些东西，他们会记住它，但是"发现"法语词汇和语

> "任何时候，作为学生，如果你可以利用当前的线索和过去的知识自己寻找答案，却没有这么做而是让别人告诉你或展示给你看，你就错失了一个绝佳的学习机会。"
>
> 比约克和比约克（2011）

法很容易吗？也许是这样。但这个方法不能很好地利用学生的时间。研究表明，教师应积极教授新的思想、知识或方法——所谓的"直接指导"（Stockard 等，2018）或"明确指导"（Hollingsworth 和 Ybarra，2017），对于不同的人来说可能意味着不同的事情。实际上这是一个明确的研究术语，指的是确立清晰的目标，使用测试和评估跟踪进步情况，并采用一系列策略（包括协作学习）实现对目标的掌握。为学生提供额外的教学指导，直到他们达成目标。当然，对于年幼的孩子来说，熟悉材料及其属性是他们了解世界的重要内容，但这并不意味着他们不能同时从成年人直接性和指导性的互动中受益。请参见第 51 页有关掌握学习的章节。

评估教师的效能——小心翼翼地实施

我们可以使用已有的教学效能框架，尽管它们的一个弱点是对属性的定义比较宽泛。流行的框架包括夏洛特·丹尼尔森（Charlotte Danielson）的"教学框架"（Framework for Teaching），罗伯特·皮安塔（Robert Pianta）的"课堂评估评分系统"（Classroom Assessment Scoring System）以及罗森辛（Rosenshine）的"教学原则"（Principles of Instruction）。这可能是在学校范围内就什么才是良好的和出色的教学达成共识的良好开端。如果你决定使用一个框架，那么可以把后续的观察结果作为指南。这在很大程度上取决于教师与学生之间的独特互动。学习是看不见的，因此我们借用信号来表明它正在发生——例如，学生忙碌而投入。某些类型的行为可能会使学生获得更多的学习效益，但并不能保证。

一项研究认为，从课堂观察中得出的低风险判断只有在以下情况下才可以被采纳：至少两名观察员独立地观察了至少六堂课,并且前提是这些观察员经过了两到三天的培训并接受过评估(Coe,2014)。该方法可以帮助发现教师需要改进的地方。高风险判断意味着要改进或解雇,关于这方面可能还需要收集更长时期内的更多实质性证据。

"无论实施得多好,高风险的判断都不能仅仅基于课堂观察。"

罗伯·科(2014)

英国的观察试验

与在其他学校开展的标准化试验相比,英国学校的观察项目试验在学生取得学习进步方面并未显现额外的即时性效益。但是,教师们报告他们的实践确实带来了好处。

在一个项目中,(英国)普通中等教育证书(GCSE)的数学和英语教师接受了观察方面的培训(Worth等,2017)。在为期两年的一系列"20分钟观察"中,他们对同事管理学生的行为和与学生沟通的方式进行了评价。与此同时,小学教师进行了"课程学习"(Lesson Study),该课程源自日本的一项计划,即由教师小组共同制定课程计划(Murphy等,2017)。教师轮流讲授新课,小组其他教师观察课程对一定数量的学生的影响,然后教师再进行反思和重新计划。

教师报告说,他们对抽出时间进行观察感到不舒服,而且进行了更多观察的学校的学生成绩也没有变得更好。但是,教师对培训给予了高度评价,尤其是在"课程学习"方法方面,他们认为这对他们的发展是有好处的。可能只有当教师在接下来的几年中巩固所学知识时,才能证实这种影响。这一研究强调了协调员(通常是学校高级领导团队中的某位成员)在组织和支持观察的过程中的关键作用。

其他研究人员提出了在医学上使用的临床监督模式。这一模式包括一系列观察,以及观察前后的会议。在观察前的会议上,要商定观察的目的。在观察后的会议上,要总结事实性的、非攻击性的、建设性的反馈意见,旨在培养能够反思和自我指导的学习型教师。会议应在观察后五天内,在令人感到放松的环境中进行。

对教师进行评价需要一套标准,包括观察结果和学生进步的数据。你应该对结果进行多角度测量。单一的证据来源或许能提示前进的方向,但是只有在另一独立来源的消息亦证实了这一点后,它才会开始成为可靠的指南。几乎没有证据表明校长对教学的判断是可靠的,也没有证据表明可以通过教师自我报告、课堂产物和教师档案袋来衡量教学水平。

不要傻傻地认为大量的学生进步数据等同于有力的证据——进步数据可能会受到先前的教师、测量错误以及历届学生群体的不同构成的影响。将教师评定为"高于"或"低于"平均水平的课堂观察黄金法则,与学生进步数据相符的概率仅有60%。相比之下,抛硬币都可以有50%的概率(Coe等,2014)。

证据表明,采用形成性的方法,应基于持续性的评估和反馈,而不是来自高风险测试的结果(Timperley等,2007)。在信任和挑战的环境中与同伴一起工作最有成效——被观察的教师可以完全掌握对他们自己的观察信息。对待外部顾问的评估,应持有良性的怀疑态度。

反馈——封闭式学习循环

学生学习的反馈原则(请参见本书第17页)也同样适用于教师学习,但是与课堂上的反馈一样,都是很难有效传递的。教师学习和发展过程中的这关键一环经常会缺失。

廷珀利（Timperley，2008）和同事们倡导"知识构建周期"（knowledge-building cycle）。这是与提高学生学习效果相关的教师反馈循环。

教师应为其他教师同伴提供明确、具体且具有挑战性的目标，他们应将重点放在学习上而不是人身上，并且不应与他人进行比较。一个值得重点关注的领域是教师有关学科内容以及学生如何学习方面的知识。通过这种方式开展教师学习会对学生的学习效果产生重大影响（Meissel 等，2016）。

这里的关键是学习循环是封闭式的，因此教师可以优化他们的实践：
- 是否明确提出了切合实际的学习目标？
- 是否知道实现上述目标的具体步骤？
- 是否做了足够多的工作以确保目标实现并促进持续性学习？

 涉及原则

原则一：香蕉女郎原则

纵观教育的历史，能给教学带来改变的所谓的灵丹妙药随处可见——从大班结构到小班教学、一对一辅导、结构化指导计划、以儿童为中心的学习以及直接指导等，不胜枚举。但是，证据已经说得很清楚了，尽管这些事情都可能奏效，但最重要的是教师如何用好这些不同的方法，而不是方法本身。重要的是这些方法的计划、实施和反思的情况怎么样。的确，一位好老师的特点就是知道应该在什么时候为什么样的孩子做什么。正是这些选择才真正起到了作用。

原则二：马太效应

对于家境较差的学生而言，高质量的教学对他们的影响效果更为显著。跟随非常高效能的教师学习一学年，他们可以取得比跟随低效能教师学习额外多一年的学习效果。如果最优秀的教师与最弱势的学生一起工作，则有可能缩小学业成就方面的差距。

原则三：阈值效应

一旦教师在数学上的教学内容知识达到了充分水平，那么再提高也不会有什么用了；而低于该水平，学生学习就会受到影响（Hill等，2005）。最有效的教师应精通其所教授的课程。缺乏基本学科知识的教师无法回答学生提出的问题，也无法理解阻碍学生进步的常见错误概念。这就好比一位教师在没有学习新的语言的情况下进入了一个新的国家，并且正试图告诉这个国家的居民要做些什么。

> **意外发现**
>
> 教师非常希望让学生对自己的学习保持积极态度，特别是当他们正在努力学习新材料的时候。但是，研究表明过度表扬可能不利于学习（Dweck，1999）。
>
> 因完成一项简单任务而受到赞誉的学生可能将其视为教师期望不高的标志。这一行为阻碍而不是增强了他们的自信心。同时，因表现不佳而受到批评的学生可能将其解释为教师对自己寄予厚望。表扬应当表扬的行为，才能避免表扬的效果打折扣。表扬应该侧重于学生所取得的成就，而不是将他们作为一个整体来评判。表扬与挑战有关。如果教师提出了高水平的挑战，而学生接受了挑战，那么表扬会更有意义。

> **教学技巧**
>
> ✓ 始终根据学生取得的进步来衡量教学——这是我们所拥有的唯一有意

义的衡量标准。
- ✓ 与同事建立彼此信任的关系，可以挑战彼此的思想和实践。
- ✓ 尝试两人或三人一组开展互惠互利的观察并获取反馈。
- ✓ 与同事一起使用教学方法的六个维度反思自身教学的不同方面。
- ✓ 为其他教师同伴提供清晰、明确和具有挑战性的目标，并把握整个学习过程，以便他们迈出下一步。在同事对学生错误概念的理解较弱的某些领域为他们提供支持，这是对未来职业发展有帮助的策略。
- ✓ 在支持性的环境中借助顾问的帮助协调反馈。
- ✓ 警惕教学神话！

领导技巧

- ✓ 以身作则——分享自己的发展需求和挑战，以促进整个学校形成信任和专业学习的氛围。
- ✓ 将教师评估视作形成性过程并将其框架化，使教师能够共同努力优化实践。
- ✓ 谨慎使用观察结果和学生数据——主要是为了帮助教师提高水平。
- ✓ 对于如何做才能实现良好的教学，参考已有的框架和教学方法的六个维度，使全校形成一致意见，同时广泛宣传这一共识，使大家都了解。
- ✓ 尝试将测量教师效能的一般指标与特定学科的特定内容的已有框架配对。这可以对学生的学习产生更大的影响。有关语言、艺术、数学和科学的指南已发布在 https://ies.ed.gov/ncee/wwc/practiceguides 上。
- ✓ 培训教师开展课堂观察并检查他们的进步情况。
- ✓ 在需完成某些任务时安排高层领导和其他顾问监督，并对此保持谨慎。

第1章　改善课堂教学

重点阅读

学术方面

Murphy, R., Weinhardt, F, Wyness, G. and Rolfe, H. (2017), 'Lesson Study: Evaluation report and executive summary'. London: EEF.https://educationendowmentfoundation.org.uk/public/files/Projects/Evaluation_ Reports/Lesson_ Study.pdf

Timperley, H, Wilson, A., Barrar, H. and Fung, I. (2007), 'Teacher professional learning and development'. Wellington: Ministry of Education. www.oecd.org/education/school/48727127.pdf

Worth, J., Sizmur, J., Walker, M., Bradshaw, S. and Styles, B. (2017), 'Teacher observation: Evaluation report and executive summary'. London: EEF. https://educationendowmentfoundation.org.uk/public/files/Projects/Evaluation_ Reports/Teacher_ Observation.pdf

实践方面

Coe, R. (2014), 'Classroom observation: It's harder than you think'; CEM Blog, www.cem.org/blog/414/

Coe, R. Aloisi, C., Higgins, s. and Major, L. E. (2014), "What makes great teaching? Review of the underpinning research': London: Sutton Trust. https://suttontrust.com/wp-content/uploads/2014/10/What-Makes-Great-Teaching-REPORT.pdf

Cordingley, P., Higgins, S., Greany, T., Buckler, N., Coles-Jordan, D.. Crisp, B., Saunders, L. and Coe, R. (2015), 'Developing great teaching: Lessons from the international reviews into effective professional development' London: Teacher Development Trust.

Ofsted (2018), 'Six models of lesson observation: An international perspective', https://assets.publishing.service.gov.uk/government/uploads/system/uploads/attachmentdatafil/708815/Six_ models_ of lesson_ observation.pdf

第 2 章
有效的学习反馈

学业成就	+8 个月	−1 0 +1 +2 +3 +4 +5 +6 +7 +8
学习效益	• 提高学生自信心和相信自己可以成功的信念；学生必须战胜所感知到的威胁才能在学习上取得飞跃。 • 创设信任的课堂氛围，这样才能给学生提供更大的挑战。	
意外发现	• 反馈可能会使情况更糟糕。	
教学技巧	• 在学生做法正确而不是错误时更多地给予反馈并分析原因。 • 让学生看到自己的进步。 • 有选择性地奖励。 • 在合适的时候运用数据化的反馈。 • 为挑战性任务提供反馈。 • 借助同伴反馈。	
领导技巧	• 重点关注反馈的接收而不是表达。 • 检查管理结构，为同伴观察和专业学习创造机会。 • 帮助全校教师针对反馈尺度的把握和教学质量的标准形成一致意见。 • 在全校范围内推广同伴反馈策略。	
涉及原则	• 香蕉女郎原则 • 金发姑娘原则	

是什么？

反馈是向学生和（或教师）提供的信息，有关与学习目标相关的学生表现，可以帮助教师和学生为实现目标调整方向。在教学中，这是紧随最初的指导后至关重要的第二步。反馈可以是口头的、书面的或通过测试给出的——要给出正确的反馈是具有挑战性的。关键问题不在于教师给予反馈，而在于学生接收到反馈（并采取行动）。

"没有人敢说（瓶子里的）信息终有一日定会被人发现。"

埃莉诺·哈格里夫斯，将教师评语比作将瓶子扔进大海里（2011）

反馈可能有多种来源，不仅仅是教师——还来自其他成年人，例如助教（第25页）、高年级学生（请参见同伴辅导，第45页）、数据（请参见第83页）或同伴（请参见协作学习，第109页）。我们的目的是让学生将反馈内化，从而可以监控和改善自己的学习（请参见自我调节与元认知，第35页）。

要注意反馈不只是评分，这一点很重要。一般来说，言语反馈更有效。只有在能改变学生下一步的行动时，评分才能称得上是反馈！

有用吗？

提供明确、及时和有针对性的反馈可以让学生在一学年时间里，取得相当于学习一年额外再加8个月的效果。最近在忙碌的课堂上进行的试验表明，实际上至少可以有3—4个月的收获（EEF，2017b）。但是，反馈干预也会拖慢

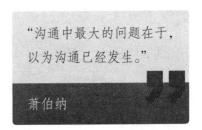

"沟通中最大的问题在于，以为沟通已经发生。"

萧伯纳

学生的学习速度。反馈可能有好的影响，但也可能有不好的影响。反馈的表达、接收和执行至关重要。

我们的最终目标是促进更深层次的学习。通常情况下，学生对"下一步怎么做"这一问题的回答"更多的是一成不变的"，而不是深层次的学习。反思你对学生提出的问题：你是在促进浅层次的学习，还是深层次的理解？你的学生是否正在为实现学习目标而努力？

> "在我们所研究过的大部分教室里，每个学生都已经知道老师所教课程40—50%的内容。"
>
> 格雷厄姆·纳撒（2007）

形成性测试是有力的反馈工具，你应该对正在发生的事进行评估，它们构成了每一天、每一分钟的课堂活动。在学习评估（Assessment for Learning，AfL）项目中，"交通信号灯"、WALT（We Are Learning Today，我们正在学什么）和 WILF（What I'm Looking For，我想要的是什么）等技术被过度使用。它们形成了一个浅层次的评估框架，被用于追踪学生高于国家规定的课程水平的情况。但是，这与形成性相去甚远。形成性评估应该对每一天、每一分钟的课堂活动加以塑形。在实践中，它们失去了改变互动焦点的力量。

学习效益

反馈既是认知过程，又是情感过程。在考虑学习方面的进步时，学生可能会面临心理压力：害怕在同龄人面前丢面了或担心答错问题。学生将选择以下两种途径中的一种：获取学习效益的成长途径或避免压力威胁的舒适途径。因此，学习差距必须足够大以拓展学生的学习范围，但又不能太大，否则他们会遭受失败。如果学生认为能力是可以拓展的而不是一成不变的，并且他们的目标是掌握或自我提高，而不是表现或与同龄人相比表现如何，他们将付出更多的努力。在掌握学习（第51页）一章中可以找到有关如何有效实践此方法的更多信息。

反馈不应威胁到学生对自身学习能力的信念。通常，与来自教师或其他有权威的成年人的反馈相比，来自同伴（Gielen 等，2010）和数据的反馈（Van der Kleij 等，2015）的威胁性较低。同时，对于已经超负荷工作的教师来说，增加来自同伴和数据的反馈的数量也更容易。

如何起作用？

有效的反馈可以通过改变教师和学生接下来的行动来提高学习效率。反馈可以识别出不同学生取得成功所需要付出的不同努力，从而加快学习过程。这关系到学习过程中的效率，可以确保学生专注于最能帮助他们的事情。

反馈必须在行动之前进行。只有在反馈可以为学生下一步行动提供清晰指导时，它才能发挥最佳效果。重要的是，要弄清楚有效反馈的含义。下面的"学习循环"具体展示了有效反馈的过程。当学习循环形成时，学习就会发生。

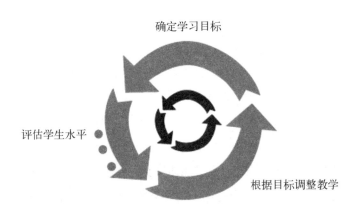

图 1　学习循环

（在目前的实践中）学习循环的实现充满困难。学习目标常常含糊不清，评估也十分粗略，教师也没有根据目标调整教学。目标完全被改变、抛弃甚至拒绝。教师很容易落入习惯性或普遍性观察的陷阱，无法解释某些错误概念或填补某些知识的空白。学生也会因此失去信心。

> "我认为反馈循环非常重要，在这个循环中，你会不断思考自己的工作以及如何做得更好。"
>
> 埃隆·马斯克（2012）

 涉及原则

原则一：香蕉女郎原则

当学生在做法正确而不是错误时得到反馈，他们的进步会更快。教师需要发现反馈对学生行为的影响。它是如何被接受和理解的？请关注质量而不是评分的数量。请记住，反馈既可以来自成年人，也可以来自同伴。

表扬、奖励或惩罚学生几乎没有效果。这些评语或行为几乎不含学生下一步将如何朝其目标前进的信息。目标应该是具体且有挑战性的，但任务却可以是很简单的。

> "在帮助球员提高罚球命中率的过程中，篮球教练并不只是告诉运动员要确保将球投入篮筐，而是专注于内在机制，例如提醒运动员弯曲膝盖，并保持肘部弯曲。"
>
> 迪伦·威廉姆（2011）

我们的目标应该是从基本任务或个人反馈逐步发展到与学习策略有关或与学生如何调节自身学习有关的更高水平的反馈（参见关于自我调节与元认知的章节，第35页）。避免提供针对个人的反馈——例如，多么聪明的女孩！——因为它不含任何推进学习的信息。表扬应该指向增加学生为理解问题所做的的努力："你真的做得很棒，因为你已经通过应用此概念完成了这项任务。"对于较复杂的任务，可以延迟反馈，但对于简单的任务，应立即反馈。

第 2 章 有效的学习反馈

> **反馈前必须回答的三个核心问题**
>
> **1. 我要实现什么?**
> 学习目标是什么?可能是"通过测验"或"完成任务",也可能是比较性的,例如"比上一次更好"。
>
> **2. 我做得怎么样?**
> 在实现学习目标方面正在取得什么样的进步?
>
> **3. 下一步如何做?**
> 要继续取得进步需要做什么?
>
> (哈蒂和廷珀利,2007)

原则二:金发姑娘原则

教师应设法找到平衡,确保反馈具有挑战性但又不至于太多。这意味着要指出的是学生错误的理解,而不是学生完全缺乏的理解(这种情况需要更多直接的指导)。反馈驱动学习的具体原理很复杂,相关证据也存在不一致。你需要判断你的反馈意见所带来的影响:反馈既可能使情况变得越来越好,也可能使情况变得越来越糟。

下表总结了使用反馈时的一些关键事项和最佳实践示例。反馈可分为四个具体方面:任务、过程、自我调节和个体。

反馈的具体方面	示　　例	关键事项
任务	关于任务完成得好不好、表现好不好的反馈，比如： ● 指出正确回答和错误回答间有什么不同； ● 获得与任务相关的更多的或不同的信息； ● 准备更多任务相关知识； ● 给予提示和直接线索。	● 反馈应该更多关注学生的正确行为而不是错误行为，而且应对学生起到鼓励作用。 ● 积极看待错误，把错误视作学习机会。
过程	针对学习过程、相关任务或拓展任务给出具体反馈，怎么样比是什么更重要，比如： ● 明确想法之间的联系； ● 掌握发现错误的策略； ● 明确地从错误中学习； ● 为学生提供有关不同策略和错误的线索。	● 明确指出在过程中的什么位置需要集中注意力，以在先前尝试的基础之上有提高。
自我调节	学生是如何根据学习目标监测、管理和规范自己的行为的，比如： ● 学生自我评估和自己识别反馈的能力； ● 他们是否愿意努力寻找和处理反馈； ● 学生相信自己是正确的； ● 对成功和失败保持积极的归因； ● 他们有多擅长寻求帮助。	● 强调在付出努力获得挑战性任务方面的成功，关注促使个体成功的特定的自我调节策略。 ● 应重点关注学生能自己改正的错误。
个体	直接表扬学生的努力、自我调节、参与度和与任务或表现相关的过程，比如： ● "你真的做得很棒，因为你已经通过应用此概念完成了这项任务。"而不是"多么聪明的女孩！"	● 这是最常见却最有风险的一类反馈。 ● 应该是普遍化和个性化兼具的。 ● 反馈应强调个体所做出（或能做出）的行为，而不是他们本身。

评分和书面反馈

　　评分可以是总结性的，也可以是形成性的，但不一定是反馈。当分数或评语能够改变学生的行为时，它就是反馈。如果它无法改变学生的行为或学生无法使用它，哪怕你希望它是反馈，它依然不是反馈。作为反馈的评分可以是简

> "如果花在评分上的时间不能对学生进步产生积极影响,那么评分就会成为教师的无用的负担。这通常是因为评分的目的不同,比如评分是为了反映教师的表现或满足其他(主要是成人)、旁观者的要求。"
>
> 独立教师工作量审查小组(2016)

单的刻度线,指示正确和错误的行为;还可以是其他非语言形式,将人们的注意力引向需要改进的内容(例如下划线、画圈或使用笑脸)。

作为反馈的评分的内容还可以是文字赞美("优秀")或表扬努力("很好的尝试!"),也可以是更复杂的信息,说明可以改进的方面和改进的方法(形成性反馈)。要为学生提供提供充分和有效的个性化的反馈。

评分可以是分数(如满分10分得9分),也可以是等级(如B+)。

当评分被作为形成性反馈使用时,它可以支持学习(Black 和 Wiliam,2010)。关于总结性测试所产生的影响的研究尚无定论(Black 等,2011)。由于该领域很少有严格的研究,因此很难对评分的影响做出准确的估计——除了《萨顿信托-EEF 教学与学习工具指南》中将评分作为主题之外,EEF 还发表了一篇综述,指出了这方面未来的研究需求(EEF,2016)。我们估计评分可以在一年内为学生的学习额外增加2个月的时间。这一效果估计源自对反馈相关研究的综述(Harlen 和 Deakin Crick,2002),可以为将评分与其他工具的效果相比较提供依据。

影响学生的不是评分,而是它提供的反馈。只有当学生(或老师)因得到反馈而做出行为改变时才起作用。分数可能会激发学生更努力学习,但也可能会使他们懈怠或变得消沉。

评分还可以帮助教师评估和诊断学生的作业,但是单纯阅读学生的作业或对错误进行系统分析也可以。

正如我们已经看到的,反馈很困难。它是课堂上复杂的交流活动的一部分,通常涉及教师和至少20名学生(Smith 和 Higgins,2006年)。你必须要判断给予学生推动的力度,以确保其达到理想中的效果。如果学生没有被推动,就是浪费精力。如果评语太复杂，学生将不知道该怎么做。如果反馈让学生认为自己无法成功，那么它可能会让您试图给予学生积极信息的任何尝试都变成徒劳（Murtagh，2014；请参阅第51页的"掌握学习"一章中的更多内容）。关于学生对评分的理解和解释的研究表明，大部分评分虽然适用于教师、学校和家长，但并不是向学生提供反馈的有效方法。

如果运用得当，评分可以鼓励学生、挑战学生，增强他们对成功的信念。评分需要指明下一步的学习方向，要强调学生取得的进步并奖励学生的努力，否则将破坏学生的自信心。

评分的三条黄金法则

证据表明，对学生成功或正确做法的描述性评价以及错误做法的相关信息可以改善学习结果——表扬并不一定总是必要的，仅仅关注错误的东西也不对（请参见第一章教学神话部分有关表扬的更多内容，第7页）。学生也需要被激励去进步；如果他们得不到激励，那么任何评分或反馈都可能像水从鸭子的背上流下来一样，了无痕迹。当学生成功的时候，评分会为学生提供足够的信息，让他们了解自己需要做些什么（请参见关于自我调节与元认知的章节，第35页）。

请遵循以下三条黄金法则，以确保你的评分尺度刚刚好：

1. 简单。提供足够的指导，这样学生知道下一步该怎么做。

2. 直接。明确说明你希望学生做什么，可以是明确的、写下来的要求，也可以是隐含的，比如非语言形式的。

3. 让学生感兴趣。你的学生在乎吗？如果学生没有使用这些信息的动机，那么花费大量的时间提供大量的书面反馈就是没有意义的。

少即是多

记住，少即是多，保证学生的参与度很重要。学生越有动力，接受反馈

"除非你知道什么是过度，否则你决不会知道什么是足够。"

威廉·布莱克（1793）

意见或评语就越容易，这将会提高他们的学业水平。

未被作为反馈的评分很少起作用，这种情况更是少即是多。大多数学生将评分视为无法改变的总结判断。他们一看到评分或等级，就不再阅读其他任何东西了，或者他们虽然会读，但是却不会采取任何行动。教师给出了反馈，但学生并未接收到反馈。

布莱克和威廉姆（Black 和 Wiliam，1998）认为，形成性评分比单独的评分或评语和评分（分数）组合更有效，因为评分的作用胜过评语。其他证据表明，使任何形式的形成性反馈很好地发挥作用都是具有挑战性的（Smith 和 Gorard，2005 年）。研究清楚哪些是可以改善学习成果的评分和反馈并非易事（Kingston 和 Nash，2011 年）。

工作量测试

无休止的评分——以及数据输入和课程计划——增加了教师的工作负担。为了减轻自身工作量，请你尝试回答以下三个问题：

1. 该活动是否直接促进了教学互动的质量的提高——是否需要？
2. 你是否确信自己对学生的进步产生了影响——是否有效？
3. 是否有同样有效的方法，但是花费的时间更少——时间成本如何？

诸如"三重评分"[1]之类的很费时间的评分方法会导致工作量超负荷。同样，在制订课程计划时，请问自己：这些课程是为谁准备的呢？为这些课程所花费的时间合理吗？很多时候，计划都是为了完成书面检查而设计

---

1 三重评分（triple marking）指的是教师先对学生答案进行评分，然后将结果交给学生，学生重新整理答案，然后教师再评分的评分方法。——译者注

的，而不是为了充实课堂活动。如果最重要的是如何随时随地调整教学实践，那么你便会努力找寻完美的计划。请尝试与同事合作以制定共同的工作方案。

分布着数据的 Excel 表格或许可以承载真实性、权威性的光环，但实际上它只能象征性地提供学生生活的局部面貌。你所在的学校是否数据丰富但证据不充分？请记住，你永远只能测量一部分东西。对于数据的使用和限制，全校应形成一致标准。跟踪评估是否改善了结果？还是您所观察到的只是自然的进展：如观察草坪的生长或施肥、除草和浇水？

为了你自己和你的学生好，每周请不要在三项高工作量任务（评分、数据输入和课程计划）上花费超过十小时的时间。

鉴于缺乏研究表明哪种评分方法最有效，因此教师对学生的作业进行评分时应强调质量而非数量（EEF，2016）。对于如三重评分一类比较花时间的方法，教师在检查学生对初始评分的反应后几乎不会做出任何调整。教师需要考虑自己的评分怎样才能成为及时、集中的反馈，然后对学生的行为产生影响。少即是多，针对基本错误的评语比针对粗心错误的评语更重要，被学生接收和运用的评语比分数更有力。其他形式的评分也值得探索，例如，同伴评分、小组评分、使用评分量表和自我评分，它们都需要花时间去实施和维护，但总的来说，这些做法比每个周末都要花大量时间完成堆积如山的评分工作要轻松得多，它们还能让学生积极响应反馈。

意外的发现

反馈也可能会使情况变得更糟。尽管平均而言其对学习的影响很大，但是仍有几项研究发现了负面影响。反馈可能是提升学习的一个好选择，但它可能会产生与你的预期相反的影响。如果反馈的时机不正确，则会分散学生的注意力。如果反馈不够具体，学生可能会对该怎么做产生误解。如果过于具体，学生可能根本不需要考虑该怎么做。如果学生努力尝试过，并认为反馈意味着失败，那可能会使他们的士气低落。

如果你认为反馈是你要学生思考并着眼于下一步的提示，那么你必须仔细判断细微的变化，并尽量避免落入上述任何陷阱。这就是为什么重要的是要考虑学生接收到的反馈而不是教师给出的反馈。

教学技巧

- ✓ 告诉学生什么时候是对的（为什么），而不是什么时候是错的，与简单的任务（拼写或数学概念）相比，这一点对于复杂的任务（例如写作）更重要。
- ✓ 向学生展现他们的进步之处。这比只是告诉学生他们是正确的要好。
- ✓ 当学习具有挑战性时，以学生珍视的方式表扬学生，这比说丧气话或过分热情要好。
- ✓ 在适当的地方使用数据反馈通常是有效的，学生不会将其视为批评。
- ✓ 为具有挑战性的任务提供反馈，但要维持好平衡。如果任务太艰巨，学生将无法理解反馈。如果任务太容易，学生可能不会重视积极的反馈。
- ✓ 利用诸如"两颗星星和一个愿望"[1]（two stars and a wish）之类的技巧来发展同伴反馈，也能鼓励学生进行自我评估。

---

[1] "两颗星星和一个愿望"是一种评价方法，即学生在表格中陈述自己喜欢或擅长的两件事，以及可以做得更好的一件事。使用这一技巧可以促进自我评价和同伴评价。——译者注

- ✓ 少打分：你不必全都亲力亲为。对30名学生给出大量评语作为深度回应可能会让你感觉好些，但这并不是高效率的好办法。请利用节省下来的时间思考下一步如何做以深化学生的学习。
- ✓ 保证评分有意义且富有成效。许多策略仅在特定时间内起作用，"交通信号灯"、评分代码与符号、彩笔、贴纸和笑脸等策略都具有一定的"保质期"。仔细地使用这些策略可以确保书面反馈的有效性。如果过度使用，它们就会像放射性元素一样衰减。
- ✓ 运用其他反馈策略。使用不同的策略和技术来提供反馈，例如同伴评分、小组评分（伴有小组目标）以及使用评分量表和自我评估。

领导技巧

- ✓ 鼓励教师将注意力放在学生如何接收和解释反馈，而不是自己给出了多少反馈上。利用好同伴观察、专业学习和教师间有效反馈模式的建构等机会，帮助深化这一点。
- ✓ 对于稳定且有质量的反馈应该是什么样的这一问题，全校应形成一致意见。同时要根据每个学期过程中的变化调整该标准，并且对于不同年龄的学生，标准应该有所不同。
- ✓ 在全校鼓励实施同伴反馈策略，从而更好促进学生的自我评估和自我调节。
- ✓ 确保教师花在评分上的时间能得到回报。阅读和评估学生的作业是至关重要的，然而评分却不是。如果你觉得需要记录一下教师的工作，请确保这样做能促进更好的学习。不要自欺欺人地说，学生会用它。大多数学生是不会用的。请相信你学校里的教师会根据非正式评估做出专业决定，会决定如何以及何时向学生提供书面反馈。如果他们不

第2章 有效的学习反馈

> 能做到这一点，那么就是时候让他们接受一些CPD[1]培训了。
> ✓ 在学生的稳定性和进步之间把握平衡。保护你的员工免于在评分上浪费过多时间是你的工作。这需要勇气。全校性的评分政策可能会让你感觉更好，但除非它是发展性的，并且增加了每个年龄段的学生在学年中所面临的挑战，否则它就是无趣且无效的。

23 重点阅读

学术方面

Black, P and Wiliam, D. (1998), 'Assessment and classroom learning', *Assessment in Education Principles Policy and Practice*, 5, (1), 7–74.

EEF(2016), 'A marked improvement', https:/educationendowmentfoundation.org.uk/evidence-summaries/on-marking

Hatie, J. and Timperle, H (2007), 'The power of feedback', *Review of Educational Research*, 77, (1), 81–112.

Kluger, A.N. and DeNisi, A. (1996), 'The effects of feedback interventions on performance: A historcal reviwa metaanalysis, and a preliminary feedback interventiontheory', *Psychological Bulletin*, 119, (2), 254–284.

Smith, H. and Higgins, S. (2006), 'Opening classroom interaction: The importance of feedback', *Cambridge Journal of Education,* 36, (4), 485–502.

实践方面

Australian Institute for Teaching and School Leadership, 'Spotlight: Reframing feedback to improve teaching and learning, www.aitsl.edu.au/docs/default-source/research-evidence/spotlight/spotlight-feedback.pdf?sf vrsn=cb2eec3c_ 12

Find later, S. (2016), *Bloomsbury CPD Library: Marking and Feedback.* London:

---

1 持续专业发展（Continuing professional development，CPD）是指在专业环境中有意识地维护和发展所需的知识和技能。——译者注

Bloomsbury Education.

Hattie, J. and Clarke, S. (2018), Visible Learning: Feedback. Abingdon: Routledge.

Higgins, S. (2011), Formative assessment and feedback to learners', *Better: Evidence-BasedEducation*, Spring, 8–9. Baltimore, MA: Centre for Research and Reform, Johns Hopkins University.

McGill, R.M. (2016), *Mark.Plan.Teach.: Save time.Reduce workload. Impact Learning.* London: Bloomsbury Education.

Zierer, K. and Wisniewski, B. (2018), *Using Student Feedback for Successful Teaching.* Abindgon: Routledge.

第 3 章 助 教

学业成就	+1 个月	−1　0　+1　+2　+3　+4　+5　+6　+7　+8
学习效益	• 提高学生社交和情感能力。 • 改善学生的课堂行为表现。 • 降低教师的压力。	
意外发现	• 不能胜任的助教几乎不能帮助有特殊教育需求的学生取得进步。	
教学技巧	• 根据清晰的目标计划提供集中性的支持。 • 确保对学业成就进行有效监督。 • 时常关心你的助教在给哪些学生提供支持。	
领导技巧	• 做好总体时间安排,最大限度地利用助教支持一对一和小组指导。 • 确保助教接受了相关培训并且得到了支持。 • 确保助教有时间与班级教师或 SENCO[1] 联系。	
涉及原则	• 马太效应 • 香蕉女郎原则	

---

[1] 特殊教育需求协调员(Special Educational Needs Coordinator,SENCO)是负责学校特殊教育需求的老师。英国的每所学校都有义务聘请 SENCO,因为他们必须确保所有学习障碍的学生都有能力在学校获得所需的正确帮助和支持。——译者注

是什么？

助教（也被称为教学助理或教室支持助理）是在教室里为教师提供支持的成年人。他们的职责因学校而异，从提供行政和课堂支持到为个别学生或小组提供有针对性的学业帮助。在大多数教室中，助教是校园生活不可或缺的一部分。如何安排助教会对学生的学习产生巨大的影响（Blatchford 等，2007）。

有用吗？

助教可以对学生在学校的学习起作用，但其影响却有不同。当他们仅提供一般性的支持并与学业成就低的学生坐在一起时，他们支持学习的可能性较小（Rubie-Davies 等，2010）。他们可能会对行为问题和社交互动方面的问题进行干预，但证据表明这可能意味着教师不再关注小组的进步。相比之下，如果对助教进行培训和支持，帮助他们为学生提供一对一或小组的集中性支持，则可以帮助学生在一学年时间里，取得相当于学习一年额外再加 4 个月的效果（Sibieta 等，2016）。

> "在中学阶段，学生与支持性人员接触得越多，他们对教师的关注就越少。"
> 布拉奇福德等（2009）

学习效益

有另一位成年人在教室里还有其他好处。研究报告称，助教能够减轻教师的压力、改善教室内学生的行为和加强社交互动（Rubie-Davies 等，2010）。这些重要的益处可以对学生的学习产生影响。对某些学生来说，助教所提供的支持对于帮助他们融入集体至关重要。你如何才能专注于学生的学习，而不仅仅是关注他们的社交和行为表现？

如何起作用？

进步与花在学习上的有效时间有关。你应如何在全班教学中计划助教时间？你能否确保根据需要提供有针对性的支持？定期或紧凑的时间安排最适合追赶或跟进计划。

 涉及原则

原则一：马太效应

有针对性的支持可以帮助缩小成就差距并扭转马太效应。请先确定哪些学生正在苦苦挣扎，然后要制定一项具有清晰目标且受到监督的强化支持计划，这样才可能带来真正的改变。在整个学期中，最好制定密集的计划（比如，每周三到四次，每次至少五小时，持续五到六周）。如果你想让助教帮忙从而避免与成绩较差的学生打交道，那学生会非常失望。你拥有支持学生发展的专业知识，请好好运用。如果你只与成功的学生打交道，那么很有可能进一步拉大学生的学业差距。

> "助教给的提示经常是直接为学生提供答案。在某种意义上，这意味着助教在完成本应由学生自己完成的任务，这样会使学生根本不需要思考。"
>
> 鲁比·戴维斯等（2010）

原则二：香蕉女郎原则

有没有助教不是最重要的，重要的是你如何与助教一起支持学生的学习，这意味着确保你要有计划并评估助教的工作。在繁忙的学习周中，想要做到这一点并不容易，但这是必不可少的。如何在课程开始和结束时安排助教参与？他们是坐在个体还是小组边上观察或工作？你会调整他们支持的小组吗？

意外发现

在2009年英国的"支持人员部署和影响"项目（Deployment and Impact of Support Stoff, DISS）中，最令人震惊的发现是，有特殊教育需要的学生在有助教的班级上的表现要比没有助教的班级要好（即使在控制其他因素的情况下）。教师并没能很好地跟踪学生的进步情况，因为他们与能力最弱的学生待在一起的时间非常少（Webster等，2010）。

教学技巧

✓ 请根据时间制定计划，为学生提供有清晰目标的聚焦性支持。请确定哪一小部分学生能够在写作或数学上从额外的帮助中获益。请与助教合作，确定一系列明确的目标，并在接下来的几周内为学生提供能支持目标实现的材料。

✓ 确保对所有学生的学习成果进行有效监控，在方法不起作用的情况下，要及时更改计划。这不单单是追踪进步情况，而是要确定某个课程中特定领域的重难点，并制定解决方案。然后，再把这一诊断结果作为基线，从而进一步追踪进步情况。每过几周，都要检查并更调整速度。

是要加快项目的实施速度还是需要更多时间进行巩固？如果是这种情况，那么请提高任务的频率，而不要延长任务的时间（即每周 5 次，而不是 3 次）。

✓ 定期检查助教在为哪些学生提供支持：你是专家，因此请确保你自己来教你班上能力最弱的学生。你的班上谁最需要支持？你应该为自己开展一些密集的支持活动。在实际安置环境中抓住评估和诊断难点的机会至关重要，同时也是十分具有挑战性的目标。当你专注于一些深入的教学时，你的助教可以与某个小组一起巩固知识吗？同时，你还需要把握这一做法与班级需求之间的平衡，对于能力最弱的学生来说，这将是宝贵的发展机会。

28 领导技巧

✓ 做好总体时间安排，充分利用助教支持一对一和小组指导。哪些学生可能错过了课程中的某些部分的学习？如果你的助教所关注的是全班学习或班级整体，那么你就浪费了他们本可以进行一对一辅导的时间。

✓ 确保对助教进行培训，并为其扮演好自身角色提供支持。即使他们有经验，也不要以为他们知道该怎么做。学习如何管理有针对性的干预计划对于你的助教来说可能是宝贵的专业发展机会。这将为助教提供机会，让他们负责课程的特定领域并深化一些专业知识。

✓ 监控学生的进步情况，如果支持效果不佳，请及时做出调整。这意味着要拥有一整套快速而可靠的评估工具。

重点阅读

学术方面

Webster, R., Russell, A. and Blatchford, P. (2015), *Maximising the lmpact of Teaching Assistants.* Abingdon: Routledge.

实践方面

Davie, E. (2017), *How to be an Outstanding Primary Teaching Assistant.* London: Bloomsbury Education.

EEF(2016), 'Making Best Use of Teaching Assistants Campaign', https://educationendowmentfoundation.org.uk/scaling-up-evidence/campaigns making-best-use-of-teaching-assistants/

Maximising the Practiceof Teaching Assistants(2009), 'The Deployment and Impact of Suppot Staff(DISS)Project', http:///maximisingtas.co.uk/research/the diss-project.php

第 4 章
一对一辅导

学业成就	+5 个月	-1 0 +1 +2 +3 +4 **+5** +6 +7 +8
学习效益	• 能建立自信心。	
意外发现	• 一对二辅导一样有效,同时成本减半。	
教学技巧	• 在一定时间内设置清晰的目标。 • 为(学生)重新组合准备好策略。 • 完善核心教学。 • 尽早检查学生的进步情况。	
领导技巧	• 确保教师接受一对一辅导策略方面的培训。 • 监控和检查成本效益。 • 培养教师为学生提供集中性支持的能力。	
涉及原则	• 马太效应 • 香蕉女郎原则	

是什么?

一对一辅导涉及教师、教学助理或其他成年人给某个学生提供的集中性的个别化支持。一对一辅导可能发生在非常规教学时间里,作为额外的教学或其他课程的替代，涉及直接的教学和反馈（请参见第 13 页），与个性化教学（请参见第 103 页）学生更加独立不同，后者强调学生可以独自完成的任务和活动，而教师则扮演着监督者的角色。

有用吗？

一对一辅导是一种可靠的方法，可以帮助学生在落后时追赶进度。如果运用得当，则可以让学生在一学年时间里，取得相当于学习一学年额外再加 5 个月的效果。对需求的关注和支持的强度使其非常有效（D'Agostino 和 Harmey，2016）。本杰明·布卢姆（Benjamin Bloom，1984）把它视为能让学生取得最大进步的方法。

对这种方法的研究始于约翰·哈蒂（John Hattie，2008）所发表的论文《可视化学习和萨顿信托-EEF 教学与学习工具指南》，其借助效应量及进步月数等转化指标比较了不同教育干预措施的效果。自 1984 年以来，我们已经取得了很多进步，但一对一辅导仍然是一种有效的方法。

在集中性支持方面，小学比中学做得更好（Ofsted，2009），这可能与小学的时间安排更灵活有关，也可能与教师的技能，以及教师对弥补差距的方法的了解情况有关。

> "研究发现，接受辅导的学生的平均水平通常比对照组高两个标准差（即两倍的进步速度，接受辅导的学生平均水平高于对照组 98% 的学生）。"
>
> 本杰明·布卢姆（1984）

研究发现，由受过训练的教师开展一对一辅导所产生的效果是助教或志愿者的两倍。一项研究结果显示，接受大学本科生给予的数学辅导的小学生的进步月数为 3 个月（EEF，2018b）。专业发展、培训和结构化指导对于教师来说是有益的，对于那些资质和经验欠缺的人来说尤为重要。

"我喜欢得到辅导和一对一的关注,但有时在普通学校里你无法得到它们。"

蒂亚·莫瑞(2007)

一对一辅导是很有效的,可以提高学生的能力和自信心(EEF,2018c)。但重要的是记住,被挑选出来并获得额外支持的这一过程,可能已经对学生的自信心产生了影响。年龄较小的孩子可能不会注意到这一点,但是年龄较大的学生会意识到自己被挑选出来的原因,这会影响他们作为学生如何看待自己。特别是对年龄较大的学生,你需要谨慎选择处理的方式。请记住,一对一辅导并不总是有用的。准确诊断需求很重要,师生关系也很重要。尽早检查学生的进步情况,从而确定方法是否奏效也很重要。

学习效益

一对一辅导能提供满足个体需要的、有针对性和集中性的支持,能够帮助学生建立自信心和获得能力,这对于整体进步来说可能十分重要。

如何起作用?

本杰明·布卢姆认为,一对一辅导之所以如此有效,是因为它的效率高。它可以为学生量身定制材料,达到最适合学生的挑战性水平,并由经验丰富的导师提供支持。学生几乎不需要进行任何补救性或纠错性的学习。布卢姆认为,正是这种适当的指示和反馈的水平才使之如此有效。与全班或小组学习相比,学生在20分钟的一对一辅导中的学习强度更高,他们获得了更多的材料,他们读或写得更多,或者做了更多的数学练习。我们不应该低估实践的成功与持续性发展的重要性。

🛠 涉及原则

原则一：马太效应

因为一对一辅导是有针对性的，所以它是少数可以弥补学业成就差距的策略之一。当然，进步必须要比在课堂上的更快，由于一对一辅导可以有针对性地为某些学生提供额外支持，所以这些学生有机会赶上他们的同伴。

原则二：香蕉女郎原则

一对一辅导是需要把握平衡的，一方面，你想提供帮助；另一方面，你实际上是在说你认为学生是失败的。你所采用的方法很重要，一对一不是万全之策——它并不总能起作用。有时学生会不容易接受，或者教学人员未针对具体问题进行调整。总的来说，这是一个不错的选择，但仍然需要做出一些思考和仔细的计划。

> "让我们记住：一本书、一支笔、一名学生和一名教师，就能改变世界。"
>
> 马莱拉·由萨法

尽管集中性一对一辅导是有效的，但是为个别学生提供集中性的支持还有其他选择可以考虑（Baye 等，2019）。同伴辅导（请参见第 45 页）或许可以一次性让整个班级的学生都进行个性化的练习（比如阅读或数学）。小组教学可能更高效，因为它一次性最多可支持四个学生。如果您的课程难度水平合适，那么使用数字技术可能是一种支持有效而主动的个性化练习的有用方法。

意外发现

一对二辅导与一对一辅导一样有效，但成本只有一半。针对一对一辅导和小组辅导的比较研究发现，如果能在组内提供集中性的教学，那么学生的进步几乎没有什么差别。随着小组人数的增加（一对三、一对四），进步的速度可能没那么快，但是教师可以为更多的学生提供支持。因此，平衡这种方法的成本和收益很重要。

干预的波浪模型可以帮助教师对额外的支持进行规划。我们的目的是使所有学生都能成功地得到高包容性、质量优先的教学（第一波）。我们要使所有孩子都能跟上进度，因此可能需要分组实施额外干预（第二波）。对于一些落后的学生，我们可能需要实施各种集中性和个性化的干预措施（第三波）。然而，这些做法的时间和经济成本都是昂贵的，并且有耽误学生其他方面发展的风险，因此必须明智地使用。

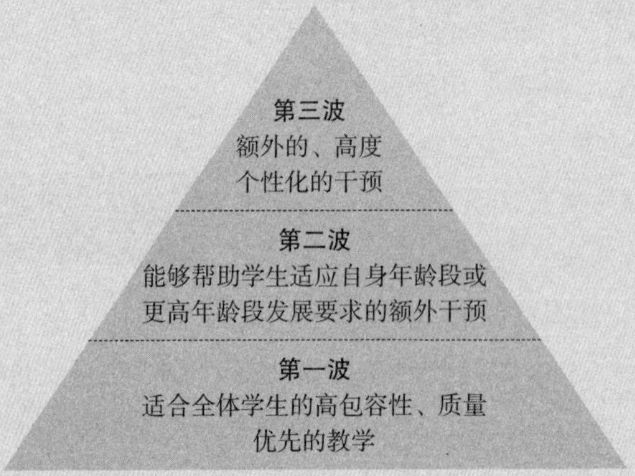

第三波
额外的、高度
个性化的干预

第二波
能够帮助学生适应自身年龄段或
更高年龄段发展要求的额外干预

第一波
适合全体学生的高包容性、质量
优先的教学

图2　干预的波浪模型

教学技巧

✓ 在计划开展一对一支持时，请在一定的时间段内设置明确的目标。少量多次是最好的，理想的情况是每周3—4次，每次持续20—30分钟，持续4—6周。如果几周后仍看不到进展,则应检查并决定是否要更改策略。如果一对一辅导是由助教负责的,那么请确保你有时间与助教定期联系。

- ✓ 为学生重新融入准备好策略。通常情况下,一段时间的强化支持可以帮助学生赶上学习的进度,但是当他们回到课堂上时,他们又回到了曾经遭遇失败的地方。现在(重新回到课堂上)又会有什么不同呢?

- ✓ 将一对一的支持与课堂教学联系起来。对于课外辅导来说,这一点非常重要。课外辅导重要的是为核心教学提供补充,而不是与核心教学相矛盾。

- ✓ 要清楚学生可能会错过的事情。这是一项真正的挑战。学生会错过正常的课程吗?如果是这样,他们将需要在一对一的课程中取得更大的进步才能赶上进度。学生每次都会错过不同的课程吗?如果是这样,具体又是哪些课程?学生错过的总是同一门课程吗?你确定这不是他们最爱的课程吗?他们还会在其他方面落后吗?一对一课程可以作为额外支持吗?

- ✓ 尽早检查学生的进步情况,如果不起作用,请尝试其他方法。请明确你期望获得的进展和成功的标准。

领导技巧

- ✓ 请对教师进行一对一策略的培训。你可能会认为一对一教学很容易,但是教师与学生的关系是非常关键的。一对一的教学过程只有两个人,所以每个人都是无处可藏的。单独接受教学的学生可能会感受到压力。保持节奏和管理挑战,不要给学生带来太大的挫败感,这是一个较优的平衡,教师和助教都会从额外的培训和支持中获益。

- ✓ 请定期检查一对一辅导的成本效益。就教师或助教的时间成本而言，大量的一对一支持是非常昂贵的。如果大量学生需要一对一辅导来赶上进度，那么就说明问题需要尽早解决。集中性小组支持或更多地使用个性化支持（请参见第 29 页）可以帮助学生，避免学生落后太多。与使用相同计划或方法的助教相比，合格的教师可以帮助学生获得更大的进步。一对二辅导可以使人力成本减半，同时使能获得额外教学的学生的人数增加一倍。
- ✓ 培养教师提供集中性支持的能力。在整个学期里，为学科带头人安排每周半天时间，进行数学或者阅读方面的一对一强化教学，这是在精确诊断和满足特殊学习需求方面进行专业学习的绝好机会。安排助教接受培训可能花费很高，但是他们一旦接受培训，就能在未来两年内辅导很多学生。

重点阅读

学术方面

Baye, A., Inns, A., Lake, C. and Slavin, R.E. (2019), A synthesis of quantitative research on reading programs for secondary students, *Reading Research Quarterly*, 54, (2), 133–166.

Pellegrini, M., Lake, C, Ins, . and Slavin, R.E. (2018), Effective programs in elementary mathematics: A best-evidence synthesis, *Best Evidence Encyclopedia*, www.bestevidence.org/word/elem_math_Oct_8_2018.pdf

实践方面

Clay, M.M. (2007), *Literacy Lessons Designed for Individuals Part One Why? When? and How?: Why? When? and How Pt.1.* London: Heinemann.

Drabble, C. (2016), *Bloomsbury CPD Library: Supporting Children with Special Educational Needs and Disabilities.* London: Bloomsbury Education.

第 5 章
自我反思：自我调节与元认知

学业成就	+7 个月	−1 0 +1 +2 +3 +4 +5 +6 **+7** +8
学习效益	• 对激励学生有帮助，并为学生的学习注入持久力和韧劲，从而增强学生的自信心。 • 使学生能够调节自己的情绪和行为。	
意外发现	• 与同龄人相比，学业成绩较差的学生通常能从自我调节与元认知中获益更多。	
教学技巧	• 选择适当挑战水平的任务。 • 提醒学生关注自己知道什么和能做什么。 • 对完成任务所需要的策略进行教学和演示。 • 安排全班学生练习相关策略。 • 鼓励学生对策略进行反思。	
领导技巧	• 想着去做很容易，但是请记住：细节决定成败。 • 对教师的专业发展做好规划，以便教师在课堂上运用元认知和自我调节策略。 • 确保所教授的策略服务于基本思路和更复杂的任务。 • 检查你的评估方法（包括使用相关策略的反馈意见）。	
涉及原则	• 金发姑娘原则 • 马太效应	

是什么？

自我调节与元认知都是要对自己的学习负责，就像运动员训练跑步一样，动机对运动员来说十分关键——你如何激励自己训练？是什么力量支撑你早起？然后是对跑步的感情——你有多喜欢？在遇到挑战时如何坚持训练？你是如何克服疲劳和肌肉酸痛的？最后，跑步有不同的类型。在短跑与十公里长跑甚至马拉松的训练方面取得成功所需的技巧和准备是有所不同的。

自我调节涵盖了以上所有方面：动机、控制自己的情绪以及管理准备和比赛所需的不同策略和技巧。这些自我调节策略和技术归根结底是关于管理自己的思维或认知的。战略规划、监控和评估自己的训练情况是自我调节中的元认知成分。你是在对自己的思考进行思考。

有用吗？

元认知和自我调节方法具有很高的效应量，在一年的学习过程中，各班学生的平均进步月数为7个月。当在合作小组教学中使用这些策略时，这些策略会更有效，因为学生可以互相支持，并通过讨论使自己的思想更明确。这些方法的潜在影响很大，但在实践中可能难以体现，因为它们要求学生对学习承担更大的责任，并加深对"怎样才能成功"的理解。证据表明，这些策略对于成绩较差和年龄较大的学生可能是有效的。利用学生自己的意识，让他们对自己学习的各个方面负责，这有点像找到教学的"圣杯"。

学习效益

在动机方面,让学生对自己的学习负责有重要的好处。如果没有追求成功的基本动机,学生将根本不愿意在思考上花费任何精力。在学习如何制定策略方面进行尝试有助于培养毅力和抗逆力。发展一系列成功的技术和策略还可以鼓励学生选择并坚持运用适合他们的特定方法。当学生能承担起更大的责任并变得更有信心时,他们将更有能力控制自己的情绪、管理自己的感受和动机。这就是元认知所能带来的更大的、整体的自我调节。

如何起作用?

在任何时候,无论我们需要完成何种学习任务或活动,都要具备一定的元认知知识:

- **自己作为学生:** 我们自身的能力和态度
- **策略:** 我们认为哪些策略有效且适用
- **任务:** 我们所要完成的特定活动的类型

在每项学习任务中,我们都要从上述知识入手,然后进行应用和调整。这就是元认知调节。它是关于计划如何执行任务,研究监控策略以检查进展,然后评估总体是否成功的方法。当学生自己控制任务时,与得到任务提示或支持相比,他们的学习效率更高。

当学生完成任务时,他们将用到自己的元认知和认知技能,并更新自身的元认知知识(关于自己、适当的策略及任务的知识),同时更新其学科知识和技能。在学生习惯性地对计划、监控和评估过程负责后,教师就可以专注于给予学生更多策略性的指导,而不是每个步骤都进行指导了。

此外,清晰的讲解和示范,以及课堂对话和讨论,也都可以用于发展元认知

> "学习技能真的不是最重要的。学习是关于一个人与自己的关系,以及为获得可能的最佳结果而进行必要的努力、自我控制和严格的自我评估的能力——同时关于如何克服风险规避、失败、分心和懒惰,进而追求真正的成就。这才是自我调节的学习。"
>
> 琳达·尼尔森(2013)

技能。同伴讨论和师生对话可以帮助学生增进对认知和元认知策略的理解,并获得丰富的相关知识。这可以以出声思考的方式,也可以以短期结构化任务小组的方式对任务进行计划、监控和评估。但是,这种对话或讨论的方式需要有目的性并且要经常进行,同时教师要指导和支持互动的过程,确保这一过程基于学生先前的知识和经验并具有挑战性。

 涉及原则

原则一:金发姑娘原则

在自我调节与元认知的教学中,细节决定成败。你必须正确把握适合学生的适当挑战水平,并且保持其与教学主题和课程内容的良好匹配。这个平衡点太难找了。如果难度过大,学生将无法进行元认知思考;如果难度太小,学生将完全不需要进行元认知思考。

原则二:马太效应

元认知方法通常对成绩较差的而不是成绩优异的学生更有帮助。这是有原因的。首先,成绩优异的人已经懂得自己制定策略;其次,他们发现任务比较容易时并不需要总是使用策略。

意外发现

学生在不同学科的学习中具有不同的自我调节能力。不要仅仅因为学生在阅读方面具有规划性和元认知能力，就以为他们的数学甚至写作学习也一样。另外，你的所思与所感对学生来说很重要。如果学生缺乏自信心，那么他们的元认知能力也会受到影响。任何担忧都会削弱他们的规划或反思能力。

教学技巧

✓ 选择适当挑战水平的任务。如果难度过大，学生将无法进行元认知思考；如果难度太小，学生将完全不需要进行元认知思考。

✓ 提醒学生在面对新任务时运用已有的知识和能力。

✓ 清晰讲授适合某项任务的自我调节与元认知策略。

✓ 对于每种新策略进行讲解并做示范。

✓ 按班级整体、或分组、或单独地实践每种策略（在有指导或独立实践的情况下）。

✓ 鼓励学生思考每种策略的适用性，他们是如何成功应用策略的以及何时可以再次使用某种策略或如何对策略进行改良。

领导技巧

✓ 对教师的持续性专业发展做好规划，以使教师学习并在自己的课堂中应用元认知和自我调节策略。同时还应仔细考虑，如何使教师能够将相关策略与所教授的具体课程内容相匹配。

- ✓ 安排时间与全体教职工一起在课堂上开发和应用这些方法。真正的挑战在于制定出适合特定课程的各个领域的学习策略。请考虑分小组针对不同学科或年龄段开展研究，然后由小组成员向全体教职工分享发现。
- ✓ 确保针对基本思考（比如记忆技巧）和更复杂的思考（比如数学中的解题方法）来教授策略。
- ✓ 检查你所使用的评估和记录方法，包括有关策略的应用情况和学生自我调节的发展的反馈。

重点阅读

学术方面

EEF (2018), Metacognition and self-regulation, *Sutton Trust-EEF Teaching and Learning Toolkit*, https//educationendowmentfoundation.org.uk/resources/ teaching-learning-toolkit/meta-cognition-and-self-regulation

Quigley, A, Mujs, D. and Stringer, E. (2018), 'Metacognition and self-regulated learning: Guidance report', https://educationendowmentfoundation.org.uk/tools/ guidance-reports/metacognition-and-self-regulated-learning/

Zimmerman, B.J. (1990), 'Self-regulated learning and academic achievement: An overview', *Educational Psychologist,* 25, (1), 3–17.

实践方面

Fogarty, R. and Pete, B. (2018), *Metacognition: The neglected skill set for empowering students*. Cheltenham, Victoria: Hawker Brownlow Education.

第 6 章
表达与倾听的技巧

学业成就	+5 个月	−1 0 +1 +2 +3 +4 **+5** +6 +7 +8
学习效益	• 改善行为和社交表现。 • 增强学生的自信心。	
意外发现	• 表达与倾听活动能反映学生学习与知识间的断层。	
教学技巧	• 安排学生分组学习，参与表达和倾听活动。 • 确保任务与学习获益相匹配。 • 对学生的表达进行观察，评估他们对新概念和新词汇的掌握程度。	
领导技巧	• 确保你的评估方法重视表达与倾听活动。 • 发展以协作学习为共同核心的结构和活动类型。	
涉及原则	• 金发姑娘原则	

是什么？

表达与倾听活动强调了课堂上口头语言和言语互动的重要性。它们基于这样的思想，即理解和阅读技能得益于对学习的内容或过程或两者的明确讨论。对于年龄较大的学生来说，这也可以促进他们的书面语言发展（Litleton 和 Mercer，2013）。我们的目的是要让听和说成为课堂学习的中心。

有用吗?

我们很容易忘记,随着学生年龄的增长,他们仍然需要表达自己的想法和理解。如果要使新语言成为他们思考和表达想法的方式的一部分,那么使用新词汇的机会将是至关重要的。这种引入新思想和新词汇,然后为学生提供机会,让学生进行实践和增进理解,然后再完成正式的书面作业的方法,是在所有学科的课程中对学习展开思考的十分有用的一种方法(Mercer,2002)。

 学习效益

在大多数课堂上,表达与倾听活动都是在结构化小组任务或活动的协作过程中展开的,强调的是言语互动和交流。这些会对学生的语言能力和推理产生积极的影响(Murphy 等,2009)。研究报告指出,采用这些方法后,学生的学习范围更广,课堂气氛和行为等也会有所改善(Tolmie 等,2010)。

如何起作用?

听力和口语是学术学习的核心。当我们学习时,新知识和新词汇扩展了我们对不同主题的理解。在学校里,我们倾向于将重点放在听力上,将其作为教授新内容的主要方法。但是,让学生运用这些信息,并使它们成为自己的语言体系的一部分也很重要。

当学生在计划的活动中练习使用新的概念和词汇时,他们是在表达自己的思考和想法,进而发展学科知识和理解,这有点像学习外语。你能完全理解别人对你说的话,但是到你能表达自己的想法之前,你都还不能算是掌握了这门语言。不同学科的学习其实没有什么不同。如果你在口头表达时从未使用过地理或科学领域的专业术语,那么你将如何用这些思想来撰写书面句子?

 涉及原则

原则:金发姑娘原则

计划有效的讨论或演讲活动并非易事。在解释过程上或在过于复杂的任务上很容易浪费时间。同时,不专心的讨论也是没有成效的。学生需要练习一起交谈和互相倾听。结构化活动通常是一个更容易着手的点(请参见协作学习,第109页)。请明确说明你希望全班讨论的内容以及希望他们使用何种语言,比如使用更丰富的描述或更连贯的论证和推理。你可以实施非正式评估以检查活动是否成功。此外,在实践过程中可能还需要做出一些调整和试验。

意外发现

教师经常报告说,倾听学生谈论学习任务和内容,能够在不知不觉中帮助他们确定一些学生的能力情况,还有学生未掌握的知识,以及学生的知识与理解间的差距。这是一个宝贵的评估机会,可以让你了解学生在特定主题或课程方面"生成"语言的能力。这正是他们进行交流所使用的自发性的语言。令人感到惊讶的是,教师经常认为学生已经理解了某些想法或词汇,但是学生在说话时却很难清楚地将其表达出来。当你进入小组讨论后,你可以观察小组活动情况,同时快速进行非正式的评估。

教学技巧

✓ 指导学生分组开展学习,进行表达与倾听活动。比如针对年龄较小的学生的"演和说"活动或针对年龄较大的学生的辩论活动。

✓ 确保任务与学习结果相匹配。

✓ 通过观察学生对话来评估他们对新概念和新词汇的掌握程度。

领导技巧

✓ 确保你的计划安排和评估方式注重表达与倾听活动,以及教师对这些活动的观察。不要要求教师做更多的进度跟踪记录。

✓ 在全校范围内营造以协作学习为共同核心的氛围,让教师充分利用相关的任务、结构和活动类型。有些活动和任务适合全部年龄段的学生,比如思考、结对和分享。其他的活动,尤其是那些要求学生扮演特定角色的活动,则需要更多的解释和实践。请思考你将如何确保学生取得进步。

✓ 请注意不要过度使用一些活动。如果你学校里的教师得到了各种技术的相关培训,那么学生可能会在许多不同的课程中参与相同的活动。某些活动具有半衰期,即如果过度使用,其作用会迅速衰减。其他的活动效果可能会持续更长的时间,但是如果经常使用,教师和学生仍然会感到厌倦。

重点阅读

实践方面

Alexander, R. (2012), 'Dialogic teaching', www.robinalexander.org.uk/ dialogic-teaching

EEF (2018), 'Oral language interventions', *Sutton Trust-EEF Teaching and Learning Toolkit*, https//ducationendowmentfoundationorg.uk/evidence-summaries/ teaching-learning-toolkit/oral-language-interventions

University of Cambridge, 'Thinkingtogether', https://thinkingtogether.educ.cam.ac.uk (a project led by Neil Mercer)

第 7 章
同伴辅导

学业成就	+5 个月	-1　0　+1　+2　+3　+4　**+5**　+6　+7　+8
学习效益	• 对科目学习更有信心，对学习的态度更积极。 • 自尊心得到提升。 • 社交互动和课堂行为得到改善。	
意外发现	• 同性别小组的合作效果最好。	
教学技巧	• 开展短期、持续时间较短的同伴辅导——持续 10 周或更短的时间。 • 花时间准备。 • 为辅导同伴的学生提供提问和反馈模板。 • 给予不同学习水平的学生不同的教材和问题提示。 • 进行监督并帮助低效能小组。 • 使用巩固和练习的方法。	
领导技巧	• 将同伴辅导提升为跨班级、协作式专业发展的机会。 • 给予教师准备时间。 • 检查任务的挑战程度和辅导过程的节奏。 • 减轻家长对孩子被其他学生教（或教其他学生）的担忧。 • 尝试利用诸如图书券之类的奖励。	
涉及原则	• 香蕉女郎原则 • 金发姑娘原则 • 马太效应	

是什么？

同伴辅导可以让学生成对或成小组地开展学习。教师变成"从侧面指导"（guide from the side），而不再是"台上的圣人"（sage from the stage）。这对教师来说是一个机会，教师可以从全班化教学中抽身，进而指导学生如何给同伴讲解具体问题。开展辅导的学生有向接受辅导的同伴提供反馈、解释和示范，以及纠正同伴错误或赞扬同伴的权利。

同伴辅导分为三种不同类型：跨年龄辅导（cross-age tutoring）、互补性辅导（reciprocal tutoring）和同伴协助式学习（peer-assisted learning）。在跨年龄辅导中，由年龄较大的学生担任年龄较小的学生或需接受辅导的学生的辅导者。在互补性辅导中，学生（通常是同一年级的学生）轮流担任辅导者和学员。大多数跨年龄辅导和互补性辅导项目都包含有关该项目的训练和实施的详细说明。在同伴协助式学习中，辅导者每周 2 次或 3 次与同伴一起练习 25—35 分钟，共同讨论解决具体的数学问题或阅读挑战。

有用吗？

实施同伴辅导可以让学生在一学年时间里，取得相当于学习一学年额外再加 4 个月或 5 个月的效果。这项措施对于参与双方来说都是十分有益的，不过担当辅导员的学生通常获益更多。在跨年龄辅导中，学业成就较低的同伴也可能会获益更多（Leung，2018）。

同伴辅导在数学（包括一系列技能）和阅读（包括口头阅读和理解）中十分有效。观察发现，其对体育教育影响很大，但对体育、艺术、科技、心理学和语言的影响较小。

尽管有充分的证据证明（同伴辅导的效果），但是，最近在英国开展的试验却发现，与常规教学相比，引入同伴辅导对学业成绩没有显著的影响（Lloyd 等，2015a 和 2015b）。这可能是因为在协作学习已经很普遍的学校中，同伴辅导的效果就不那么明显了。这是一种低花费的干预措施，不过，请不要因此低估实施此项措施所需要付出的培训和准备时间。

同伴辅导目前主要在小学开展。然而，有证据表明，同伴辅导可能对中学生和大学生的效应更大（Leung，2018）。我们需要进行更多试验，来设计安排大学生帮助高中生学习的项目，从而进一步探索同伴辅导的效果。

学习效益

同伴辅导除了能让学生获得成就外，还能带来许多其他益处。学生可以对被辅导的科目形成更积极的态度。如果开展得当，它还可以提高学生（辅导者与被辅导者）的自尊心。参加数学同伴辅导项目的教师报告说，学生对数学更有信心了。教师还认为，尽管目前研究还无法证实这些说法，但是学生解决问题的能力和社交技能的确得到了锻炼（Lloyd 等，2015b）。教师报告说，跨年龄的同伴辅导可以在不同年级的学生之间建立起社交和支持纽带。

同伴辅导无论是对于教师，还是学生而言，都意味着不再需要在全体学生面前进行。请记住，变化能给学习带来乐趣。当变化使得学习进度加快或给学习带来更大的挑战，同时又提高了学生的参与度时，变化就是成功的。

如何起作用？

担任辅导者的学生必须认真思考一个主题，对其进行清楚的解释，并在遇到问题时帮助他们的学员学习，这有助于学员克服常见的错误。学生与年纪稍大的同伴一起学习时表现良好。同伴辅导可能是通过改善社交-情感技能和行为使学生获得成就的，或者可能是因为课程中成功的直接指导和实践。

> "将同伴辅导视为省力的做法是错误的。"
>
> 艾伦·瑟斯顿和玛丽斯·可卡里尔（2017）

 涉及原则

原则一：香蕉女郎原则

与固化或非结构化的形式相比，结构化的同伴辅导项目不仅针对做什么提供了详细的说明性指导，而且还为教师和学生的创造力提供了空间，催生了更高的内在动力水平、更多好奇心和自我价值感。找到最佳平衡说起来容易，做起来难。在中学的配对阅读试验中，教师们接受了同伴辅导的概念（Lloyd等，2015a）。但在项目中，许多教师仍纠结于遵循被我们视作过度固化的方法。其中的一个难点就是要确保课程和活动对于所有参与学生来说都是有挑战性的。

> "我们感到要做到整合资源……在适当的水平上提出问题（针对辅导者和学员），确保一直有足够多的问题，每周都发现不同的问题有点吃力。"
>
> 参与EEF共享数学项目的一名教师（劳埃德等，2015b）

原则二：金发姑娘原则

在同伴辅导项目中正确设置挑战水平很重要。在跨年龄辅导中，数学问题或阅读材料的难度应比学员的原有水平高，同时比指导者的原有水平低。教师还可以为指导者提供有效赞美的示例：不要太多，也不要太少，要聚焦学习任务本身。

原则三：马太效应

同伴辅导可以使班上成绩最好的学生受益最多，也就是原本成绩排名靠前的学生接受同伴辅导后，所获得的进步要多于排名较低的学生。但是，点对点学习仍然可以促进教室中需要最多支持的学生进步，包括成绩不佳的学生、家境较差的学生以及有特殊教育需要的学生或英语非母语的学生。而学业成绩低的学生担任辅导者，会比学业成绩优异的学生获得更大的收益（Leung，2018）。

但是，跨年龄辅导的结果却是不同的。教师们最近发现，在跨年龄同伴辅导的两项主要试验中，无论是担任辅导者，还是作为学员，成绩不佳的学生都在苦苦挣扎。一项试验是由 13 岁的孩子教 11 岁的孩子解决数学问题（Lloyd 等，2015b），另一项试验则是由 10 岁的孩子教 8 岁的孩子学习阅读（Lloyd 等，2015a）。在这两项试验中，一些成绩不佳的辅导者因为意识到自己落后于比他们小两岁的学员，所以自尊心受到了打击。其他成绩不佳的学生组合则无法取得进步，因为他们无法掌握展开真正的学习所需的内容，以及纠错或称赞技巧。老师们认为，想要使这种辅导组合发挥作用，他们还需要得到更多指导和时间。这再次表明了谨慎实施同伴辅导的重要性。

意外发现

无论担任辅导者的是男生还是女生，同性别小组比异性小组合作效果更好。这可能是因为学生（在异性小组中）受先入为主的性别角色的刻板印象的影响，在学习时分心了。某些担任辅导者的女生可能对自己的权威地位感到不舒服，而部分作为学员的男生则可能对自己被置于下属的角色感到不自在（Leung，2018）。

教学技巧

✓ 少即是多。同伴辅导在短期内效果最佳,持续时间不应超过10周。一项研究发现,持续时间少于4周的干预对学习产生了翻倍的影响(Cohen 等,1982)。公认的做法是,单次辅导过程的持续时间不超过30分钟,单次对辅导者进行培训的持续时间不超过45分钟。在一项为期16周的配对阅读项目的试验中,一位教师报告说学生感到无聊(Lloyd 等,2015a)。

✓ 然而,实现精简必须在充分满足准备需求的前提下,否则,同伴辅导将失去效果——尤其是对于需要额外帮助的学生来说。教师们报告说,要使10岁的孩子达到会教的水平,而不只是告诉他们的学员要做什么,需要花10周的时间(Lloyd 等,2015a)。

✓ 为担任辅导者的学生提供提问和反馈的示例,这样他们与同伴的互动方能顺利推动学习。这就要求教师将整个过程分为学生和教师分别可管理的部分,使用提问框架或提示卡片来组织讨论,并为学生提供细致的培训和反馈。

✓ 根据参与同伴辅导的不同学生的学业水平,准备更容易或者更难的材料和问题提示。

✓ 借助教师和助教的支持,集中精力为成绩不佳的学生提供帮助。

✓ 使用同伴辅导进行巩固和练习。同伴辅导在巩固课堂所学知识方面效果最佳。在课堂快要结束时,要与担任辅导者的学生讨论你想要处理的问题(和答案),从而在同伴辅导课程开展之前为学生树立自信心。学员可以向辅导者说明他们在最近的课程中所做的事情。同伴辅导课程应被视作常规教学的补充,而不是常规教学的替代品。

✓ 尝试随机配对指导者和学员。学生与成绩不佳的学生配对不会感到沮丧,结果可能会让你感到惊喜。

领导技巧

✓ 将同伴辅导作为聚焦研究的跨班级、协作式专业发展的机会。在跨年龄同伴辅导中，一些研究发现，两年的年龄差距是指导者和学员之间的最佳年龄差。担任辅导者的学生的年龄要够大，大到可以受到年龄较小的学员的尊重，同时又要与学员的年龄足够接近，从而可以与学员产生联系。这个两年的年龄差规则适用于年幼的孩子，我们不知道其是否也适用于青少年和成年人。我们怀疑在这个水平上的最佳年龄差与学生的学科知识水平和理解力有关。如果年龄差太大，则指导者无法获益；如果年龄差太小，指导者可能不知道该如何帮助学员。请安排一组教师开展研究项目，以在自己学校的环境中找到最佳年龄差，这可以作为他们专业发展的一部分内容。

✓ 教师需要时间思考如何进行干预。在这些情况中，教师必须考虑如何选择辅导小组所需的材料的难度，如何确定辅导者所需的培训的强度以及将学生配对成小组时如何进行课堂管理。只有这样，教师才能实现同伴辅导的目标。在开始同伴辅导项目前，请确保本校的教师有时间考虑所有这些不同方面。

✓ 当教师开始实施同伴辅导时，请检查任务的挑战水平和辅导过程的节奏。

✓ 减轻家长对孩子被其他学生教（或教其他学生）的担忧。向家长讲解同伴辅导项目及其潜在好处，这对于同伴辅导项目来说是有用的部分工作，它可以帮助家长消除有关教师放弃其专业职责的担忧。如果您认同这样做会有帮助，那么您可以使用本书中讨论的一些研究来支持您的论点。

✓ 奖励担任辅导者的学生。研究显示，将有形物品（如"自由时间"或图书券）作为奖励的影响几乎将积分作为奖励的影响的两倍。鼓励辅导小组或学生团队之间进行竞争是无效的做法（Leung，2018）。

重点阅读

学术方面

Leung, K.C. (2019), 'An updated meta-analysis on the effect of peer tutoring on tutors' achievement', *School Psychology International*, 40, (2), 200–214.

Lloyd, C., Edovald, T, Kiss, Z., Skipp, A., Morris, S. and Ahmed, H. (2015a), 'Paired reading evaluation report and executive summary. London: EEF.

Lloyd, C., Edovald, T, Kiss, Z, Skipp, A., Morris, S. and Ahmed, H. (2015b), 'Durham shared maths project: Evaluation report and executive summary'. London: EEF.

Tymms, P., Merrell, C., Thurston, A., Andor, J., Topping, K. and Miller, D. (2011), 'lmproving attainment across a whole district: School reform through peer tutoring in a randomized controlled trial', *School Effectiveness and School lmprovement,* 22, (3), 265–289.

实践方面

Kelly, B., 'Peer and cross age tutoring' Olympia, WA: Washington Office of Superintendent of Public lnstruction.http://radschwartzfoundation.com/wp-content/uploads/Misc/Bucket%201%20The%20Peer%20Tutoring%20Resource%20Library/In%20your%20classroom/Lesson%20plans%20and%20tools/Guide%20to%20Peer%20and%20Cross-age%20Tutoring_Washington%20Reading%20Corps.pdf

Thurston, A. and Cockerill, M. (2017), Peer Tutoring in Schools (5th edn.). Belfast: Queens University Belfast, https://pure.qub.ac.uk/portal/files/130755742/PairedReadingManual_v5.doc

51

第 8 章
掌握学习

↑	学业成就	+5 个月	-1 0 +1 +2 +3 +4 **+5** +6 +7 +8
❖	学习效益	• 帮助学生树立成长心态。 • 所有学生都能成功实现关键的课程目标。	
❗	意外发现	• 掌握学习有助于缩小学业成就差距。	
💡	教学技巧	• 针对特定目标使用掌握学习。 • 安排赶上（catch-up）和跟上（keep-up）活动。 • 在每个人都"掌握"前，请不要继续推进教学。	
⇲	领导技巧	• 更改课程安排和计划的方式，以嵌入掌握学习。 • 就"掌握"水平形成固定标准，然后坚持下去！ • 为"跟上"活动提供支持性的框架。	
🛠	涉及原则	• 马太效应 • 香蕉女郎原则	

是什么？

在掌握学习中，课程进行的速度与学生学习的速度是一样的。传统教学是教师花费在某个主题上的时间不变，而学生对课程内容的"掌握"程度却有所不同。掌握学习可以带来稳定的学习成果——每个人都可以学到所有内容，但是使用这种方法需要调整学生掌握这些目标所需的时间。由于"掌握"一词颇具男性气概，因此有些人对这一说法可能会感到不舒服。

掌握学习将主题和学习内容分解为具有特定目标的单元，并教授这些单元直至达到目标。在这方面其类似于直接教学（请参见第 54 页）。学生需要依照一系列的步骤按顺序学习每一部分内容，并且必须在测试中成功证明自己达到了很高的水平，至少要答对 80% 的题目，然后才能进入下一个单元的学习。那些未达到要求水平的人会得到额外的指导、同伴支持、小组教学或家庭作业，这样他们就可以达到预期的水平。

掌握学习背后的一些理念可以追溯到 20 世纪 20 年代的美国学校，以及卡尔顿·沃什伯恩（Carleton Washburne）的工作，他在美国伊利诺伊州制定了"温内特卡（Winnetka）计划"（Block，1971 年）。这种方法通过使用详细的自我指导习题册和自我纠正练习（基本是多项选择题和填空题）来测试学生的课程基础知识。学生按照自己的节奏学习，直到在上半天的学习中证明自己已经掌握了各个科目的知识，然后，在下半天的时间里，就可以安排小组任务、社交互动，以及结合戏剧、项目和学生报告的创意性的跨学科活动，作为对个体的掌握学习方法的补充。20 世纪 50 年代后期，斯金纳（B. F. Skinner）（1938）所提出的程序教学（programmed instruction），是使掌握学习重焕活力的一种形式。程序教学旨在为学生提供指导性的材料，帮助他们以自己的步调前进并不断获得反馈（另请参见个性化指导，第 103 页）。20 世纪 60 年代，本杰明·布卢姆的《掌握学习》（Learning for Mastery）再度唤起了人们的兴趣（Bloom，1968）。他被公认为是掌握模型的鼻祖。布卢姆认为，学生不应在整体上花费更多的时间来提高自己的能力。尽管在早期阶段可能需要更长的时间，但随着学生基本能力的提高，他们未来掌握更多的高阶材料所需要的时间将更少。

> "在美国和其他国家对学校学习进行了 40 年的深入研究之后，我的主要结论是：世界上任何人都可以学习，只要具备适当的先前经验和当前条件，几乎所有人都可以学习。"
>
> 本杰明·布卢姆

掌握学习的某些方面与其他教学方法有相似之处，比如在干预-反应模型（response-to-intervention，RTI）中使用初步诊断评估（如全面筛查）（Guskey 和 Jung，2011）。运用形成性评估和测试以监控学生的学习进度，从而获得详细反馈，告诉学生需要做些什么来缩小他们目前的表现和期望的目标之间的差距。这与对学习和反馈模型的评估相似（Black 和 Wiliam，1998 年；Hattie 和 Timperley，2007 年）。

有用吗？

几项早期的研究综述表明，掌握学习的方法可能有效，能带来 5 个月的进步月数（Guskey 和 Pigott，1988）。这些研究表明，掌握学习是学生在小组或团队中学习并承担互相支持的责任的有效方法（另请参见第 109 页的协作学习和第 45 页的同伴辅导）。教师应该对学生达到掌握水平设置一个较高的标准（相关测验正确率达到 80%—90%）。但是相比之下，当学生完全按照自己的步调学习时，这种方法似乎效果不佳（另请参见个性化教学，第 103 页）。

掌握学习在被作为偶尔使用或额外的教学策略时是有效的：持续时间少于 12 周的项目所产生的影响要比持续时间更长的课程要大。基于这些证据，学校应该考虑将掌握学习用于巩固难度大的学习领域，而不是用于所有课程。

但是要注意，这些以前的方法与当前的"掌握学习"定义是不同的。有关当前版本的可用证据较少，最近的评估还没有发现其与之前方法相同的效果（Jerrim 等，2015）。当前的版本很少强调测试，而是基于学生表现来确保有高水平的掌握。

学习效益

通过确保每个人都能够成功，掌握学习代表着一种"成长心态"（Dweck，

2016），鼓励学生相信自己可以通过努力和练习获得成功。使每个学生通过掌握如何取得成功已经成为老师的主要职责。这一方法找不到任何借口。有些学生可能比其他学生需要更多的支持、指导或实践，但每个人都要成功掌握，否则课程将无法继续推进。课程的进度取决于班级整体的学习情况（Bloom，1980）。

> "创造力与掌握相伴相生，因此掌握技能是年轻一代的首要任务。"
>
> 本杰明·布卢姆

如何起作用？

掌握学习并不是一种新方法，其在不同时间被开发并发展出了不同的版本。掌握学习基于这样的信念：所有学生在参与适当的活动并获得合适的支持后都可以学习。教师会向学生提供有关其进步情况的定期且具体的反馈。这可以帮助学生确定他们在哪些方面取得了成功，在哪些方面没有取得成功。

 涉及原则

原则一：马太效应

掌握学习是缩小学业成就差距的一种有效策略。根据《萨顿信托-EEF教学与学习工具指南》，学业成就低的学生比学业成就高的学生通过这种方法取得的进步更大。贫困学生则一定会从中受益。教师需要规划好如何管理进步速度较快的学生的时间。

原则二：香蕉女郎原则

掌握学习的效果主要体现在两个方面。有两项元分析结果显示，掌握学习效果不大或没有效果，而其余的则都显示其能带来多达6个月的进步月数（EEF，2015）。这种差异意味着掌握学习的使用具有挑战性。设定掌握目标和标准是关键。在课程中，每个人必须达到的不容商量的标准是什么？

> "排序和简化是掌握主题的第一步。"
>
> 托马斯·曼

直接教学的直接程度如何？

直接教学与掌握学习密切相关，当然后者强调课程也要精确具体。以下原则来自对直接教学的研究（Coyne等，2009）。我们认为大多数人原本可能不会将这些视为"直接教学"。

直接教学的关键原则：

吸引性策略：明确所要教授的关键学习策略，向学生展示明确的示例，使策略变得清晰且易懂。

中介性支架：其特点是借助教师、同伴和材料，为学生理解教学提供初步的、有侧重的和临时的支持。

策略的整合：目的是通过明确、系统地教导学生，将新的信息、概念和策略与以前的知识和技能相结合和关联，从而让学生在已经知道并且会做的事情的基础上，变得更加适应规则和运用策略。

基本的背景知识：这是学生的优势，是他们与所教的新概念、信息或策略建立有意义的联系的基础。启动或激活背景知识还可以为策略的整合提供支持。

明智的审查： 这涉及仔细、反复地向学生提供一系列机会，使学生应用和发展新的知识和技能。分布式的、累积性的和多变的审查被认为是最有效的。当学生可以自动、流利地执行任务时，就说明审查工作到位了。

意外发现

多项研究表明，得到良好实施的掌握学习方法可以缩小学生间的学业成就差距。

教学技巧

✓ 请将掌握学习用于特定目标的学习——掌握学习是一种补充性策略，而不是一种可以常态化使用的策略。它的目标是将学生的基本技能巩固到掌握或流利的程度，以便学生应用和运用这些技能。
✓ 实施掌握学习面临的挑战是如何使全班保持一致的进度。有些学生会比其他学生学得更快，因此，规划安排活动以帮助落后学生赶上或跟上进度是至关重要的。这一工作应该尽快完成（最好是在同一天或至少在同一周内）。
✓ 在每个人都掌握前，请不要继续推进教学。这是一个关键原则。如果你在所有学生都成功掌握之前就让某些学生继续学习新的内容，那么你就不是在应用掌握学习策略。

领导技巧

- ✓ 更改课程安排和计划的方式以符合目标。掌握学习要求对课程及其计划和进度作出具有挑战性的结构调整。这将需要在每周和每期计划中保持灵活性并获取更多资源。
- ✓ 就"掌握"水平形成固定标准，然后坚持下去！对于每个科目以及每个年龄段的学生来说，哪些技能和知识是必须达到掌握标准、容不得商量的？
- ✓ 为"跟上"活动提供支持性的框架。掌握学习的方法对于助教的支持和安排有着特殊的影响。在全校范围内支持所有学生达到掌握水平是该方法的关键要素。这可能需要有效地安排助教（请参见第25页），请为他们安排时间学习如何给予小组额外支持，并为教师专业发展提供机会。

重点阅读

学术方面

Kulik, C. L. C., Kulik, J. A. and Bangert-Drowns, R. L. (1990), 'Effectiveness of mastery learning programs: A meta-analysis', *Review of Educational Research*, 60, (2), 265–299.

Slavin, R. E. (1987), 'Mastery learning reconsidered', *Review of Educational Research*, 57, (2), 175–213.

实践方面

Cain, M. (2018), *Teaching for Mastery in Writing: A strategy for helping children get good at words.* London: Bloomsbury Education.

Dolan, L., Ford, C., Newton, V. and Kellam, S. G. (1989), 'The mastery learning manual', unpublished manual, www.jhsph.edu/research/centers-and-institutes/johns-hopkins-center-for-prevention-and-early-intervention/Publications/mlm.pdf

Drury, H. (2018), *How to Teach Mathematics for Mastery.* Oxford: Oxford University Press.

Guskey, T. R. (2010), 'Lessons of mastery learning', Educational Leadership, 68, (2), 52–57, www.ascd.org/publications/educational-leadership/oct10/vol68/num02/Lessons-of-Mastery-Learning.aspx

McCourt, M. (2019), *Teaching for Mastery.* Woodbridge: John Catt Educational.

第 9 章
自然拼读法

⬆ 学业成就	+4 个月	-1 0 +1 +2 +3 **+4** +5 +6 +7 +8
▦ 学习效益	• 提高解码的流利度。 • 培养理解所必需的技能。 • 让学生对自身能力建立自信心。	
❗ 意外发现	• 我们不知道对于已经可以顺利阅读的学生而言，自然拼读法的有效性如何。	
💡 教学技巧	• 少量多次是最好的。 • 检查理解程度。 • 监督进度并调整节奏。 • 把阅读和拼写关联起来。 • 保持趣味性！	
🪧 领导技巧	• 检查教师的知识水平。 • 制定全校统一的自然拼读方法。 • 确保效率。	
🛠 涉及原则	• 香蕉女郎原则 • 金发姑娘原则 • 阈值效应	

是什么？

自然拼读法是用于阅读教学和写作的某些方面的教学的一种方法，其重点在于培养学生的语音意识技能和解码流利度。这涉及听力、识别和使用英语的音素或声音模式，目的是教会学生这些声音与代表它们的书面拼写模式或字素之间的关系。自然拼读法强调对新单词进行解码，通过将新单词读出来并组合或"融合"拼-读模式来实现自动和流利阅读。

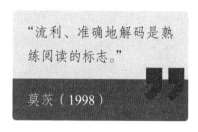

"流利、准确地解码是熟练阅读的标志。"

莫茨（1998）

合成语音强调通过将单个声音或音素（例如 / k，ae，t / ）放在一起构成单词（"cat"）（即合成）来提高流利度。分析语音强调单个或组合字母（表音符号）的发音中的模式，例如"that、than、then、them"或"b-at、f-at、h-at、m-at"（音调）。

有用吗？

自然拼读法可以有效地支持孩子掌握一些基本的阅读技能，《萨顿信托-EEF教学与学习工具指南》中报告其能带来平均4个月的进步月数。研究表明，自然拼读法对于4—7岁的孩子来说是有好处的，这样他们可以开始阅读，并且对于那些落后的孩子来说，这也是一种有效的"赶上"的方法。平均而言，自然拼读教学比其他早期阅读教学方法（如全语言或字母方法）更有效，但是，有效的自然拼读技术通常是被嵌入早期阅读的丰富的识字环境中的，并且只被视作读写策略的一部分（Torgerson等，2019）。

对于仍在努力提高阅读技能的年龄稍大的孩子来说，自然拼读法可能不如其他方法［如阅读理解策略（请参见第63页），元认知和自我调节策略（请参见第35页）］成功。这一结果可能表明未成功掌握自然拼读的10岁和10岁以上的孩子需要使用其他方法。学生可能会遇到其他与词汇和理解有关的困难，而这些并不是自然拼读的目标。学习如何阅读不认识的单词的价值是有限的。继续挣扎的年龄稍大的学生可能还有其他特殊的语言需求需要得到满足。

> "对于许多孩子来说，练习识别单词中声音的能力能够极大地影响他们学习阅读的速度。"
>
> 金伯利·奥利弗·本宁（2012）
> 2006年美国年度最佳教师

合格的教师在通过自然拼读干预获得效果方面的效率是其他员工的两倍，这表明与语音相关的扎实知识和专业的教学知识是成功进行早期阅读教学的关键。

学习效益

流利的解码能力是一项重要技能。对于那些努力追求进步的学生来说，提高解码能力可能会有所帮助。这样可以帮助他们树立自信心，以便他们处理更具挑战性的文本。这样做的目的就是培养能力和信心，以提高整体流利度。一旦学生可以流利地对单词进行解码，就可以思考含义并理解所读的内容。

> "大声喊叫的速度代表我们阅读的流利度吗？"
>
> 杰伊·塞缪尔（2007）

如何起作用?

自然拼读可以增强解码能力，因此学生可以只考虑阅读内容的含义，而不

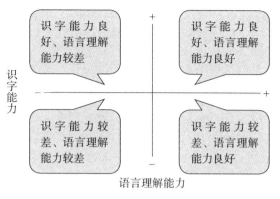

图 3　阅读的简单视图——保持有效平衡

必试图弄清课文所说的全部内容。其背后的理念是，如果你能够获得自动、流利的单词阅读技能，那么这将有助于释放你的工作记忆并使你专注于含义。在对解码和理解的强调之间需要把握平衡，但是在早期阶段，发展快速有效的解码技能非常重要。

涉及原则

原则一：香蕉女郎原则

大多数学校和教师在教学中都会运用某些自然拼读法。自然拼读包括多种不同的方法，已有证据并未显示出某种技术优于其他技术。因此教师应该选择具有统一性的发音和组合方法，尤其是字母的发音方式。

原则二：金发姑娘原则

无论是对已经学会的孩子，还是对正在努力掌握的孩子，教师一不小心就容易在检查活动方面花费太多时间。定期的非正式观察和评估将有助于确定儿童已学会做的事情、需要更多练习的地方以及下一步应采取的新步骤。

原则三：阈值效应

掌握多少个语音是足够的？有证据表明，短暂、频繁地重复直到保持流利才是最好的方法（Sobel 等，2011 年）。数量多不一定好。有效的评估和诊断是非常重要的。如果学生已经可以做到，就不需要再教，否则将是浪费教师和学生的时间。

意外发现

证明自然拼读法有效性的相关证据最初来自对阅读学习困难的儿童和青少年的研究。因此，自然拼读法被证明对"赶上"有效，但它不是万能药。我们不知道能够顺利阅读的读者具体需要掌握多少语音，也不知道当读者使用基于拼读的方法遭遇失败时，额外学习的语音有多少用处。

教学技巧

- ✓ 确保你的自然拼读课程对于学生来说是有趣味性和挑战性的。少量频繁的干预比长时间的干预效果更好，后者更适合作为日常活动。
- ✓ 确保学生理解他们能读出来的单词。一些学生在语言能力的更广泛的方面可能存在困难，这是需要解决的问题。
- ✓ 监督进度以便经常调整节奏，思考可以跳过或快速进行哪些内容，以及哪些内容需要更多的整合。
- ✓ 将拼写和写作与自然拼读的教学联系起来。确保学生练习拼写他们能读出来的单词。这将有助于掌握常见的语音模式。
- ✓ 一些学生需要大量的、积极的练习才能达到流利的水平。这意味着他们需要更多的时间才能获得进一步的支持。

> **领导技巧**
>
> ✓ 确保所有讲授早期阅读的教师都具有良好的语音基础,并确保新教师能尽快掌握讲授早期阅读的方法。按常理说,教师原有的语音和音素知识就足够了,但现实情况是,仍有许多教师对语音和造词结构以及术语的理解很薄弱。
> ✓ 制定一种统一的、全校性的自然拼读教学方法,这样学生就能够知道教师期望自己达到什么样的标准(例如在发音和组合方面)。
> ✓ 确保语音教学是有效的。在系统化和高效化之间保持平衡是一项挑战。
> ✓ 自然拼读是辅助手段。虽然流利的解码对于学习阅读来说非常重要,但是理解应是最终目标。

重点阅读

实践方面

EEF (2018), 'Preparing for literacy: Improving communication, language and literacy in the early years: Guidance report', https://educationendowmentfoundation.org.uk/tools/guidance-reports/preparing-for-literacy/

Higgins, S., Henderson, P., Martell, T., Sharples, J. and Waugh, D. (2017), Improving literacy In Key Stage 1: Guidance report'. London: EEF, https://educationendowmentfoundation.org.uk/tools/guidance-reports/literacy-ks-1

Snowling, M. J. and Hulme, C. (2007), *The Science of Reading: A handbook*. London: Wiley Blackwell.

第 10 章
理解语境：阅读理解策略的教学

学业成就	+6 个月	-1 0 +1 +2 +3 +4 +5 **+6** +7 +8
学习效益	• 增强阅读信心。 • 有机会接触到更广的课程。 • 有助于词汇的发展。	
意外发现	• 数字技术对阅读理解很有帮助。	
教学技巧	• 确定合适的挑战水平。 • 避免一成不变。 • 辨别阅读困难的类型。 • 为迁移而教。	
领导技巧	• 通过继续教育来增进教师对阅读理解策略的了解。 • 对使用策略的过程进行规划，以帮助学生针对不同类型的文本使用对应的策略。	
涉及原则	• 金发姑娘原则 • 香蕉女郎原则	

是什么？

阅读理解策略的显性教学侧重于学生对书面阅读材料的理解。教师向学生讲授一系列能够帮助他们理解所读内容的含义的技术和方法，包括从上下文推断含义，总结或确定关键点，借助书写图形或语义表达想法，运用提问策略监控自我的理解，以及依靠自己的力量辨别困难等（另请参见本书第35页自我调节与元认知，以及本书第57页培养解码流利度）。

有用吗？

平均而言，阅读理解策略的显性教学可以带来6个月的进步月数。成功的阅读理解方法能够使得活动符合学生当前的阅读能力，同时能够使得活动和阅读材料有效且挑战性不至于过大。

许多阅读方法可以与协作学习技术（请参见本书第109页）和自然拼读法（请参见本书第57页）结合使用，从而促进阅读技能的发展。在阅读说明类或信息类材料时，运用图形组织方法和引导学生注意文本特征等技术特别有用。

> "如果所有的教育者都能意识到思维过程的质量——而不是得出正确答案——才是衡量教育进步的标准该多好啊，其价值不亚于一场教育革命。"
>
> 约翰·杜威（1916）

相较而言，无论是在短期还是在长期影响方面，阅读理解方法比自然拼读或口语方法对于高年级小学生和中学生来说更有效。然而，支持阅读困难的学生却需要综合多种方法，以及贯穿课程始终的协调努力。请不要将任何一种策略视为万能药，请仔细诊断每个学生遭遇困难的原因并依据结果选择干预策略。

学习效益

教授阅读理解策略可以增强学生对阅读的信心并有助于发展学生的词汇量。阅读是贯穿课程始终的一项关键技能,因此教授阅读理解策略也有助于学生学习其他科目,而不仅仅是语言本身。

> "语言的发展是人格发展的一部分,因为言语是表达思想和建立人与人之间理解的自然手段。"
>
> 玛丽亚·蒙台梭利(1939)

如何起作用?

侧重理解的教学策略是通过将理解的各个方面分解为零散的步骤来提高理解水平的。这些最初是作为技能发展起来的,然后通过练习达到自动化。学生在阅读时必须协调好这些技能,这样才能在阅读时理解材料的含义。下表是各种阅读策略的汇总,以及向学生解释这些策略时的注意事项。

	阅读策略
预测	运用大标题、小标题和已知内容中的线索,弄清楚接下来会发生什么。
形象化	构建人物、背景、正在发生以及材料中描绘的事件的意象。
提问	停下来提问,看看你的理解是如何建立起来的。如果有某些部分你没有关注到,那么请重新阅读相关小节。
联系	想想你已知的关于阅读材料的其他信息。想办法将材料与其他类似的阅读材料、你对上下文或背景的了解以及你自己或你认识的其他人联系起来。
识别	弄清楚作者在做什么。阅读材料中的细节是如何相互关联的?是否有你可以发现的特定主题?故事或文本的重点是什么?
推理	运用阅读材料中的提示以及你已知的内容来填补空白。你能得出什么结论?当你继续阅读时,你能确定是这些想法中的哪一个吗?
评估	请将阅读材料作为一个整体考虑,并按照自己的想法做决定。你能使用阅读材料中的证据来支持自己的观点吗?

 **涉及原则**

原则一：金发姑娘原则

阅读材料的选择至关重要。要确保策略有用，既需要保证阅读材料具有挑战性，又要注意材料难度不能太大（例如，避免出现不熟悉的词汇），同时还需要足够有趣以引起学生的兴趣。

原则二：香蕉女郎原则

不要一整个学年都使用相同的方法（如指导性阅读或交互式教学）。在这一年中要引入新策略，这样你就可以将阅读材料与策略的需求相匹配，从而拓展学生当前的能力。

意外发现

基于计算机的辅导方法可以成功地提高学生的阅读理解能力，尤其是在培养自我提问技能时，数字技术有利于策略的练习。

教学技巧

✓ 检查阅读理解任务的难度水平，以拓展学生的阅读能力。确保使用的阅读材料类型多种多样，并（对学生）提出有效的挑战。

✓ 在每学期中使用一系列策略和方法来提供多样性和挑战性。不同的策略和方法都需要明确地讲授以及始终如一地实践。要避免一成不变。

- ✓ 确保学生在基本的解码技能或词汇方面不存在困难。阅读理解需要这两方面作支撑。有效地诊断阅读困难的类型对于确定可能的解决方案来说至关重要,特别是对于年龄较大的阅读困难学生而言。
- ✓ 为迁移而教。引导学生将注意力集中在他们可以更广泛应用的策略上。

领导技巧

- ✓ 成功的阅读理解策略有很多种。请确保教师能够获得一系列支持和持续性的专业发展,从而拓展自身的技能。
- ✓ 把握策略发展过程的关键期,帮助学生(和教师)全面地发展策略。

重点阅读

学术方面

Higgins, S., Henderson, P., Martell, T., Sharples, J. and Waugh, D. (2017), Ilmproving literacy In Key Stage 1: Guidance report'. London: EEF, https://educationendowmentfoundation.org.uk/tools/guidance-reports/literacy-ks-1

Higgins, S., Martell, T., Waugh, D., Henderson, P. and Sharples, J. (2017), 'Improving literacy In Key Stage 2: Guidance report'. London: EEF, https://educationendowmentfoundation.org.uk/tools/guidance-reports/literacy-ks-2

实践方面

Oakhill, J, , Cain, K. and EIbro, C. (2014), *Understandling and Teaching Reading Comprehension.* Abingdon: Routledge.

第11章
家庭作业

学业成就	+5 个月（中学） +2 个月（小学）	−1　0　+1　**+2**　+3　+4　**+5**　+6　+7　+8
学习效益	• 时间管理能力得到提高。 • 获得规划和学习技巧。 • 增强动机、自信心和自律性。	
意外发现	• 家庭作业对小学生影响较小。	
教学技巧	• 将家庭作业与课程联系起来。 • 布置频繁的、简短的家庭作业。 • 混合起来——交替布置困难和简单的任务。 • 播下学习技能的种子。 • 给学生反馈。 • 永远不要用家庭作业来惩罚学生。	
领导技巧	• 确保教师设立明确、具体的学习目标。 • 尝试协调不同科目的作业。 • 停止要求父母或照顾者参与家庭作业。 • 评估布置家庭作业的政策。	
涉及原则	• 金发姑娘原则 • 香蕉女郎原则 • 马太效应	

是什么？

家庭作业指的是学生在正常上课时间以外完成的任何任务。有效的家庭作业有明确的目标，简洁而有重点，是对课堂作业的补充。家庭作业应是对已开展课堂上所涵盖的活动的强化或对即将到来的主题的预习。一些教师更喜欢将家庭作业称为"家庭学习"或"拓展性学习"。它可以包括在学校组织的家庭作业俱乐部或翻转学习，帮助学生消化课堂上要讨论的信息。这些差异与家庭作业的期望有关。一些家庭作业的目的是希望学生把他们已经可以做的、仍需更多练习的事情做得更好，比如阅读。其他一些则是希望学生为教师将在课堂上讲授的内容做准备，比如课堂所需的拼写预习，或配合翻转学习的应用。

有用吗？

中学生的家庭作业，如果管理和监督得当，可以带来5个月的进步月数。大多数研究表明，布置了更多家庭作业的学校，其学生的学业表现更好——但是，我们不能排除这一更好的成绩是由于学校正在做的其他事情，而不是家庭作业本身的可能性。家庭作业会带来更好的结果吗？还是仅仅是因为成绩优异的学生完成了更多的家庭作业？

家庭作业是一种有风险的教学策略。没有合格的教师在场，几乎无法控制谁来完成既定任务，以及控制大量潜在的干扰。作弊很可能变成家常便饭，难怪家庭作业对学业成就的影响如此参差不齐——一些研究发现的学习收益很小或几乎没有学习效益（加拿大学习委员会，2009）。如果有可靠的设计和交接，家庭作业会变得更加重要。

一项研究发现，由教师进行评分或点评的家庭作业所产生的影响是没有任何反馈的家庭作业的两倍。家庭作业在数学和科学学科的学习方面特别有效（加拿大学习委员会，2009）。但是，几乎没有证据表明它可以提高小学生的学习成绩（Farrow等，1999）。

 学习效益

家庭作业的支持者声称其能带来学习成绩之外的好处，包括良好的独立学习习惯、改善时间管理和组织技能、增强动机和自信心，以及培养个人责任感和自律感。家庭作业还能促进家长对学校教育的更多了解。

"付出比时间更重要。"

加拿大学习委员会（2009）

其他人则认为，目前尚缺乏证明这些优势的研究。反对者警告说，家庭作业会抑制独立学习，因为学生会专注于别人分配的工作。如果任其发展，家庭作业会助长不良的学习习惯——抄答案、匆忙完成任务或在电视机前学习。过量的家庭作业还会带来压力，从而导致不平衡和不健康的生活。

如何起作用？

如果学生花更多的时间学习，他们就会进步。这可以通过像"翻转学习"这样的方法来实现，他们在课程开始之前预习新内容，这样在课堂上就可以专注于某个主题中最具挑战性的方面。家庭作业还可以帮助巩固技能以提升流利程度（比如数字运算或学习现代外语词汇）。

69 涉及原则

原则一：金发姑娘原则

注意不要布置太多的家庭作业。所有的学习都有一个学术回报递减的点。哪怕是最长的注意力持续时间，在书桌上也会受到考验。孩子们可能会感受到无聊、压力和消极。如果作业太难或不够吸引人，他们就会停止学习。

过多的家庭作业还会在其他方面适得其反——侵占学生本该花在运动、锻炼、爱好、放松和家庭生活上的时间。当家庭作业的目标不明确时，也会引发孩子与父母之间的紧张关系。

"10分钟规则"是美国长期提倡的有用的经验法则。它建议各年级从低到高每天最多依次增加10分钟的家庭作业时间。例如，小学一年级的学生，每晚做家庭作业的时间不应超过10分钟。十二年级学生，每晚的作业时间不应超过120分钟。几十年来，这条建议一直很有效。

> "把握家庭作业的量的一个好方法是类比药物或膳食补充剂的用法。如果你吃得太少，它们可能没什么用。如果你吃得太多，它们可能会要了你的命。如果你服用适量，你会变得更好。"
>
> 哈里斯·库伯

该研究表明，对于年龄较大的学生来说，有益的家庭作业时间的上限大约为2个小时（Cooper等，2006）。请尝试协调不同科目教师设置的作业。有一定量的作业比没有好，但作业太多反而会造成伤害。

原则二：香蕉女郎原则

家庭作业的质量比数量更重要。请设置包含明确目标的活动，以吸引学生并鼓励他们努力。请以学生所尝试的任务或问题的数量来衡量学生的努力，这一指标比学生花在家庭作业上的时间更能预测未来的学业成绩。

请致力于提高学生的元认知水平或对于学习的"直升机"意识——即监控学习进行的方式。学生可以对自身的学习方式进行更多思考——计划、实施和反思自己的行为。

原则三：马太效应

家庭作业会加剧贫困学生与享有特权的同龄人之间的学业成就差距。贫困学生可能在家庭作业上得到的父母的帮助较少，可能在家无处学习。

有研究发现，与没有作业的班级相比，有作业的班级的考试成绩差距更大。然而，其他研究表明，如果家庭作业运用得好，则可以为成绩较差的学生带来更大的收益，能够使来自成绩差的学校的学生比来自成绩优异的学校的学生受益更多（Cooper 等，2006）。这一切都取决于作业的质量。

意外发现

有证据表明，家庭作业对小学生的成绩影响不大（EEF, 2018d）。学生在小学阶段通常要完成不同的项目，而不是演练课堂中已经涵盖的特定主题。最终，父母参与完成的活动比他们愿意承认的要多。在中学阶段，年龄较大的学生已经发展成为独立的学习者，并且更有能力阻止外界干扰。

教学技巧

✓ 将家庭作业与课程联系起来。如果家庭学习与课堂学习相结合，效果会更好：请整合过去课程中涵盖的材料，并提供未来内容的试读。这应是学习旅程中不可或缺的一步，而不是走弯路或者分心。

- ✓ 布置频繁的、简短的家庭作业,而不是偶尔的、冗长的作业。当在繁忙的家中与许多可能导致分心的事物竞争时,将有助于保持学生的兴趣和注意力。对于学生来说,建立规律的作息也有好处。

- ✓ 混合起来。如果任务太具有挑战性,学生就会放弃本可能完成的工作或感到心灰意冷。请交替布置困难和简单的作业,让学生练习、修正或预习。为学生提供更多选择。

- ✓ 播下学习技能的种子。家庭作业是培养学习技能的机会——管理时间、组织材料和权衡不同的学习策略。这些技能也是可以学习的。良好的学习习惯可能是家庭作业最强大、最持久的好处之一。

- ✓ 对学生完成的家庭作业给予重点反馈。反馈需要具体和及时,并指向学习的下一步。家庭作业可以帮助诊断困难的类型,不过没有必要对每项任务都进行评分或点评。

- ✓ 目的是培养而不是惩罚。永远不要把家庭作业作为对学生在课堂上的不良表现或行为不佳的惩罚。否则,行动胜于雄辩——孩子们会将家庭作业视为惩罚而不是营养。

领导技巧

- ✓ 确保教师为家庭作业设定明确的目标。教师需要让学生和家长清楚他们的具体目标是什么。可能的目标有很多:复习在课堂上学习的材料并发现学生是否理解了一个主题;预习课堂上要讲授的主题或者做好准备;培养学生的学习能力;培养学生成为独立的学习者。

- ✓ 尝试协调不同科目的家庭作业,让学生不会有过重的负担。如果让学生感到负担过重,家庭作业的影响会被削弱。

- ✓ 停止要求父母或照顾者参与家庭作业。他们可能没有足够的时间或专业知识帮忙，或者无法帮助他们的孩子尽快完成任务。在无法控制的家庭环境中，学习可能会迷失方向。然而，与家长分享家庭作业的具体目标是有益的，可以在学校和家庭之间架起一座桥梁，借助短信系统等沟通网络将信息传递给家长。
- ✓ 评估布置家庭作业的政策。有时，家庭作业单纯是为了家庭作业而布置的，虽然满足了家长的期望，但是却没有任何实际好处，还占用了教师宝贵的时间。领导者应该对开展一项政策的理由、责任和审查有明确的认识。[请参见重点阅读中的安扎克公园公立学校（Anzac Park Public School）的家庭作业政策，这是一个很好的例子。]

重点阅读

学术方面

Canadian Council on Learning (2009), 'A systematic review of literature examining the impact of homework on academic achievement', http://edu.au.dk/fileadmin/edu/Udgivelser/SystematicReview_ HomeworkApril27−2009.pdf

Cooper, H, Robinson, J C. and Patall, E. A. (2006), 'Does homework improve academic achievement? A synthesis of research, 1987−2003', *Review of Educational Research*, 76, (1), 1−62.

实践方面

Anzac Park Public School, 'Homework policy', https://anzacpark-p.schools.nsw.gov.au/content/dam/doe/sws/schools/a/anzacpark-p/home-learning-/APPS_-_ Home_ Learning_ Policy.pdf

Cooper, H. (2007), *The Battle Over Homework: Common ground for administrators, teachers, and parents* (3rd edn.). Thousand Oaks, CA: Corwin Press.

EEF (2018), 'Homework (primary), Sutton Trust-EEF Teaching and Learning Toolkit, https://educationendowmentfoundation.org.uk/evidence-summaries/teaching-learning-toolkit/homework-primary/

EEF (2018), 'Homework (secondary), Sutton Trust-EEF Teaching and Learning Toolkit, https://educationendowmentfoundation.org.uk/evidence-summaries/teaching-learning-toolkithomework-secondary/

第 12 章
学习风格

学业成就	+2 个月	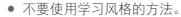
学习效益	• 学习风格的缺点多于优点。 • 学习风格会限制学生对自己的认知。 • 学习风格可能导致教师将学生的学习困难归咎于学生的学习方法。	
意外发现	• 没有心理学证据支持学习风格的存在！	
教学技巧	• 不要使用学习风格的方法。 • 挑战学生，引导其思考解决任务的最佳方法。 • 准备多种方式以解释复杂的想法。 • 提供实现学习目标的替代性方法。 • 专注于确保教学的多样性，同时注重发展学生的元认知和自我调节能力。	
领导技巧	• 在你的学校禁止学习风格的方法！	
涉及原则	• 香蕉女郎原则 • 金发姑娘原则	

是什么？

从直觉层面上讲，我们每个人都有自己喜欢的方法或最喜欢的做某事的方式，而且似乎这对我们每个人都是最有效的。研究人员发现了许多描述这些方法的不同方式，甚至还发现了更多评估学习者的个人偏好的方式（Willingham 等，2015）。

学习风格方法背后的理念是，作为个人，我们都有特定的方法或"学习风格"。该理论认为，如果确定学生的个人学习风格，采用与之相符的特定风格或方法来教授学生，学习将更有效或更高效。例如，可以更多地通过讲故事和讨论，而不是通过传统的书面练习，去教被归类为具有听力学习风格的学生。这个诱人想法的问题在于，它本身是错误的（Pashler 等，2008）。

有用吗？

没有强有力的证据表明有任何一致的学习"风格"可以用来识别年轻人学习需求的真正差异。根据假定的学习风格将学生分配到组或类别是无益的。因为研究设计、评估学习风格的方式以及用于衡量影响的结果存在问题，所以关于学习风格方法益处的实验证据并不能令人信服（Aslaksen 和 Loras，2018）。

> "学习风格的衡量标准是无效的，实际上，学生并没有通过他们喜欢的方式学习得更好。"
>
> 英国心理学会研究文摘（2018）

在教育的所有阶段，教学对特定学习风格的影响的相关记录都十分缺乏。证据表明，对学习风格的干预至多带来平均 2 个月的进步月数。然而，鉴于学习风格存在的证据有限，这些收益很可能是由学生对自己的学习负责（参见自我调节和元认知，第 35 页）或教师使用了更广泛的活动来教同样的内容所带来的。

学习偏好在不同情况下会随着时间的推移而发生变化，而且有证据表明认知，偏好和任务类型可能存在关联（例如，可视化在某些数学领域很有价值；参见 Carden 和 Cline，2015）。然而，根据确定的学习"风格"，针对特定学习者开展教学活动的研究并没有显示出其有任何明显的益处，尤其是对于成绩较差的学生而言。特别重要的一点是，千万不要给小学生贴标签，或者让他们相信任何不成功都是由他们的学习方式造成的。

学习效益

与其他方式相比，学习风格无法带来特别的好处。事实上，学习风格的缺点多于优点，因为其会限制学习者对自己和自身能力的看法，还会导致教师将学习困难归咎于学生的学习方式。

如何起作用？

它没有用！任何改进都可能是由其他因素造成的，例如，教师询问学生如何才能最好地取得成功，或与学生分担处理任务的责任。学生可能相信他们也可以取得成功（请参见掌握学习，第 51 页），而且这还可能会改变他们的行为，使他们的毅力或抗挫力变得更强（另请参见自我调节与元认知，第 35 页）。

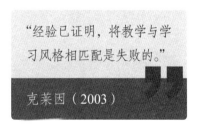

"经验已证明，将教学与学习风格相匹配是失败的。"

克莱因（2003）

涉及原则

原则一：香蕉女郎原则

学习风格没有好坏之分。虽然一些教师使用了学习风格方法并取得了成功，但这很可能是因为他们是优秀的教师，减轻了所有负面影响。

原则二：金发姑娘原则

或者更确切地说，不是金发姑娘，而是大灰狼！学习风格旨在发展学生对自己能力的理解，然而却未能实现这个目标。在培养学生对自己学习的责任感时，关注元认知和自我调节会更有成效。

意外发现

在教育中，学习风格不是可用的、强大的或可靠的想法。相关的调查和问卷是不可靠的。如果你再次实践，你可能会得到不同的"风格"。学生的偏好与他们的行为并不匹配。如果你对学生在学习过程中的行为进行观察，就会发现他们所采用的方法和选择与他们所描述的自身偏好并不相符。

教学技巧

✓ 不要鼓励学生去思考他们偏好的学习方式。相反，要挑战学生，让他们想出解决任务的最佳方法。

✓ 不要使用学习风格测试或鉴定清单。相反，要让学生举例说明他们在哪些方面以及如何得到了改进。
- ✓ 一定要准备多种方式以解释复杂的想法，同时使用图像、图表、文本、谈话和声音。
- ✓ 提供实现学习目标的替代性方法，确保这些方法能够为评估学生提供支持。
- ✓ 注重元认知和自我调节，鼓励学生通过认识到自己的长处和需要改进的地方来对自己的学习负责。

领导技巧

- ✓ 在你的学校禁止学习风格的方法！它们是不科学的，而且是很有限的。
- ✓ 请专注于元认知和自我调节，它们可以使学生对自己的学习越来越负责，学习动机越来越强。

重点阅读

学术方面

Aslaksen, K. and Loras, H. (2018), 'The modality-specific learning style hypothesis: A mini-review', *Frontiers in Psychology*, 9, 1538.

BPS Research Digest (2018), 'An extra reason to abandon learning styles-teachers and pupils do not agree on the pupils' preferred learning style', https://digest.bps.org.uk/2018/12/12/an-additional-reason-to-abandon-learning-styles-teachers-and-pupils-do-not-agree-on-the-pupils-preferred-learning-style/

Pashler, H., McDaniel, M., Rohrer, D. and Bjork, R. (2008), Learning styles: Concepts and evidence', *Psychological Science in the Public Interest*, 9, (3), 105–119.

第 13 章
学业环境：教育的零和博弈

学业成就	−1 个月（班级间） +3 个月（班级内）	−1　0　+1　+2　**+3**　+4　+5　+6　+7　+8
学习效益	• 提升（或损害）自信心、自我效能感和成长心态。 • 导致社交隔离并损害教育公平。	
意外发现	• 宁做鸡头不做凤尾，在你能找到自我的群体中好好努力。	
教学技巧	• 确保在所有环境中的学习节奏是合适的。 • 在班级内进行分组时，注意确保在不同学科的教学中，学生都是被重新分组的。 • 留意高水平群体中的学困生。 • 随着时间的推移，关注学生个人的提高，消除竞争氛围。 • 请记住，虽然在同一环境中，但学生永远是不一样的。	
领导技巧	• 请仔细考虑何时使用这种方法。 • 请将最好的教师分配给学业水平最低的学生。 • 请监控学生是否在群体中流动，并为不同学科重新组合不同的学生小组。	
涉及原则	• 香蕉女郎原则 • 马太效应	

是什么?

学业环境是指凭借儿童已有的测试结果对他们进行分组。在一段时间内,将在某一科目上学业水平接近的学生分进同一小组(这一过程被称为安置或重组),或把学业水平接近的学生分入同一班级(这一过程被称为分流或分班)。在开始阶段,儿童是在同一班级内被分进不同的小组。虽然经常被称为"能力"分组,但有太多的男孩和夏季出生的儿童被分至低水平班级或小组,因为这样的描述过于绝对了。

有用吗?

通过常规的"能力"将儿童分成不同的班级,是没有办法带来效益的。高水平班级的学生在一学年中可能会获得 1 个月的进步月数,但低水平班级的学生却落后了 1 个月。高水平班级的学生看似继续取得了进步,实则是伤害了正苦苦挣扎的低水平班级的学生。

但是,灵活的班级内分组对于所有学生来说都是有益的,能够带来平均 3 个月的进步月数。然而,低水平的学生所获得的效益比其他人要少,所以这仍然可能导致学校内学业差距的加大。

	总体情况	高水平	低水平
班级间	−1 个月	0 个月	−1 个月
班级内	+3 个月	+4 个月	+2 个月

 学习效益(与风险)

将学生视作高成就者,并给予他们拓展任务以提升他们的自信心和抱负水平。然而，当学生一直跟不上同学的节奏时，这也会令他们丧失信心并苦苦挣扎。教师很容易落入定势思维的陷阱。固定能力分组将彻底摧毁学生的自信心，使他们感到无论自己做什么，都不能摆脱垫底的命运。我们称其为"能力"，但它们反映的是接受能力，而不是年轻人的潜能或教育轨迹。学生会敏锐地意识到任何强加于他们的学习之上的天花板。

自信心、自我效能感和成长心态

社会心理学家阿尔伯特·班杜拉（1982）定义了自我效能感，指的是某人对他们在特定情况下取得成功或完成任务的能力的信念。自我效能感可以在你逐步接近目标、任务和挑战的情况下发挥重要作用。根据班杜拉的研究，自我效能感与大家平时所说的"自信心"不同。自信心是一个普遍的想法，指的是信仰的力量，但不一定指定信仰的是什么。自我效能感则是指你对自己能力的信念，即你的表现可以达到期望水平。自我效能的信念是有关个人能力水平和对该能力的信心的想法。

成长心态，是由斯坦福大学的心理学家卡罗尔·德韦克（2017年）提出的，基于的是学习者如何对失败做出反应。德韦克认为，可以根据每个人对于能力从何而来的内在想法，把个体置于一个连续体上。那些具有"固定心态"的人认为，能力大多是天生的，并将失败解释为缺乏必要的基本能力；而那些具有"成长心态"的人则认为他们可以获得任何特定的能力，只要他们投入精力或进行研究。成长心态可以被看作学习者解释自己应对失败的内在自我和自我效能感的方式。

如何起作用？

起初的假设是，通过缩小班级内学生的学业成就差距，可以使得教学更有效率或更有效果。然而证据表明，这是一个有风险的假设，因为孩子被分入不同班级的平均影响是负面的。一项研究发现，一旦儿童被依据"能力"分组，无论如何努力试图改善对学生的教学，学生的数学或英语成绩都没有任何提高（Roy 等，2018）。

将同一班级中年龄较小的孩子分入不同的小组，可以使教师为他们准备不同的活动。教学可以迎合不同学生群体的个性化教学需求。这可能意味着为已经掌握了某个主题的学生提供更有挑战性的任务，或者为学习困难的学生提供更多支持。（但是，这并不意味着适应不同的"学习风格"——请参见本书第 73 页。）

 涉及原则

原则一：香蕉女郎原则

研究几乎没有关注一旦孩子被分配到不同的教室或学校，他们将如何接受教育（Gamoran，1992）。学生成绩的任何差异的产生都是由于教师改变了他们的教学方式以及他们在课堂上教授的内容。重要的不是选择何种方法实践，而是如何开展实践。我们强调的是满足个别学生特定学习需求的教学质量。

> "最重要的是下一步，即在对学生进行分班后应选择做什么。如果教学质量很差，无论是异质性分组还是同质性分组，都将是无效的；有了高质量的教学，无论如何分组，学生都可以成功。"
>
> 亚当·加莫伦（1992）

原则二：马太效应

理论上，分组应该成为社会互动的载体，促进贫困学生发挥自身的学习潜力。然而，实践所面临的问题是，他们无法获益，因为他们的同伴享受着学校以外的支持和私人辅导一类的特权（Kirby，2016）。贫困学生更有可能被困在低水平小组——即使他们已经表现出学业潜力。他们可能会遭受马太效应的最大冲击："没有的，连他所有的也要夺过来。"教师必须尝试同时评估学业潜力和成就。一条普遍的规律是，分组设定的灵活性越差，高水平学生与低水平学生之间的不平衡将越严重。

意外发现

宁做鸡头不做凤尾。如果被分在过高的学业水平环境中，学生的自信心可能会受到打击。这是由于普遍的人类本能倾向：我们会参照最接近我们的人来判断自己。孩子本来曾是班上的第一名——在小池塘中的一条大鱼——在意识到自己在更高水平的同伴群体中处于垫底位置时，会体验到沮丧的感觉。

与在低水平环境或者非精英学校中的学生相比，在高水平环境或精英学校中排名靠后的同等水平的学生，对于学业的信心——或"学业自我概念"往往更低。所在班级的平均成绩越高，学生的自信受到的打击越大。容易焦虑的学生受到的影响更大。"宁做鸡头效应"无情戳穿了所有学生都会因被选入高水平环境、班级或学校而受益的假设。从小学到大学，无论是什么年龄段和能力的学生，这个道理都适用（Gamoran，1992）。正如马尔科姆·格拉德威尔（2014）所说："我们很少停下来思考最有名的学校是否始终对我们是最有利的。大池塘可能真的会使聪明的学生感到沮丧。

教学技巧

✓ 把握低水平环境的学习节奏，思考学生如何补上他们错过的那部分课程。问题解决、批判性思维和高阶元认知的提示在高水平环境中出现得更频繁。低水平小组中的教师在管理课堂行为方面花的时间更多。

✓ 在班级内进行分组时，注意确保在不同学科的教学中，学生都是被重新分组的。想想哪些活动是需按成就水平分组的，哪些不是。

✓ 小心那些在高水平环境中挣扎的学生——那些大池塘里的小鱼。消除学生将自己的学术成就与同龄人进行比较的倾向。

✓ 将反馈和评估的重点放在促进学生对个人进步形成自我评价上，强调先前的成就、努力和学习。如果竞争氛围导致负面比较产生，则应消除竞争氛围。这些原则同样适用于混合能力班级的学生。

✓ 请记住，虽然在一起，但是个体始终是不一样的。学业环境可能会夸大组内的同质性和组间的异质性。

✓ 注意不要低估同一"能力"组内个体的不同层次的理解水平和反馈需求。

✓ 注意防范组间过度反应，其会导致高水平组进度过快、低水平组进度过慢。

领导技巧

✓ 请将最好的教师分配给学业水平最低的小组。他们是学校里最需要支持的人。在校外获得较少支持的儿童在校内更有可能获得最大化的学业成就的提升。

✓ 请采用灵活的分组方法，允许学生在组间流动起来，并针对不同的科目对学生做出不同分组。

> ✓ 不断地重新评估学生的能力。寻找他们未来可能具备的能力的迹象。这通常可以通过学生对于帮助的反应速度来判断。如果学生只需要轻轻点拨，那么这通常表明学生的能力更强了。
> ✓ 避免固化的分组，这将导致教师和学生陷入低期望的恶性循环。

重点阅读

学术方面

Fang, J., Huang, X., Zhang, M., Huang, F., Li, Z. and Yuan, Q. (2018), 'The big-fish-little-pond effect on academic self-concept: A meta-analysis', *Frontiers in Psychology,* 9, 1569, www.ncbi.nlm.nih.gov/pmc/articles/PMC6124391

Gamoran, A. (1992), 'Synthesis of research: Is ability grouping equitable?', *Educational Leadership*, 50, 11–17, www.ascd.org/publications/educational-leadership/oct92/vol50/num02/Synthesis-of-Research--ls-Ability-Grouping-Equitable%C2%A2.aspx

Gutierrez, R. and Slavin, R. E. (1992), 'Achievement effects of the nongraded elementary school: A best evidence synthesis', *Review of Educational Research,* 62, (4), 333–376.

实践方面

Marsh, H. W., Seaton, M., Trautwein, U., Ludtke, O., Hau, K. T., O'Mara, A. J. and Craven, R. G. (2008), The big-fish-little-pond-effect stands up to critical scrutiny: Implications for theory, methodology, and future research', Educational Psychology Review, 20, (3), 319–350, https://ink.springer.com/article/10.1007/s10648-008-9075-6

Puzio, K. and Colby, G. (2010), 'The effects of within class grouping on reading achievement: a meta-analytic synthesis', Society for Research on Educational Effectiveness, https://eric.ed.gov/?id=ED514135

Roy, P., Styles, B., Walker, M., Morrison, J., Nelson, J. and Kettlewell, K. (2018), 'Best practice in grouping students intervention A: Best practice in setting'. London: EEF. https://educationendowmentfoundation.org.uk/public/files/Projects/Evaluation_Reports/Intervention_A_-Best_Practice__in_Setting.pdf

第 14 章
数字技术：不止调动学习积极性

⬆ 学业成就	+4 个月		−1 0 +1 +2 +3 **+4** +5 +6 +7 +8

✦ 学习效益	• 学生可能更投入——但这是对学习还是对技术呢？
❗ 意外发现	• 技术在补充而不是取代教学时效果更好。
💡 教学技巧	• 首先要确定你的教学目标。 • 考虑数字技术将如何促进学习。 • 请记住，学生使用技术的动机并不总能转化为更有效的学习。
🚩 领导技巧	• 请记住，任何新技术都将被取代。 • 评估成本。 • 为教师安排时间来学习如何使用任何新的技术工具进行良好的教学。 • 选择经过时间和实践检验的技术。
🛠 涉及原则	• 香蕉女郎原则 • 金发姑娘原则

是什么？

现在有大量的数字技术可用于支持学校的教学和学习，包括各种各样的数字设备和工具，从手机到交互式显示器，从计算器到可汗学院。这方面的方法千差万别，但都涉及以下任一方面：

- 面向学生的技术，学习者使用专为解决问题或开放式学习而设计的程序或应用程序。
- 面向教师的技术，比如交互式白板或学习平台。

> "公立学校的书籍很快就会过时。教学将通过观看的方式进行。人类知识的每一个分支都可以通过动态的画面教授。我们的学校系统将在十年内彻底改变。"
>
> 托马斯·爱迪生（1913）

有用吗？

数字技术可用于适度提高成绩，可以让学生在一学年时间里，取得相当于学习一学年额外再加 4 个月的效果，但不同的资源、工具及使用方式的影响可能会有相当大的差异。

特定技术不太可能直接改变学习方式，但有些技术有可能改变教学和学习习惯。例如，技术可以支持教师提供更有效的反馈或使用更有帮助的表述，或者可以激励学生多练习。请专注于学习，而不是技术！

> "当电脑遇上课堂；课堂获胜。"
>
> 拉里·库班（1993）

学习效益

研究经常报告儿童和青少年在使用技术时更投入。问题是：他们更专注于学习还是使用技术？我们需要小心地分辨是专注于任务、技术，还是与他人合作并投入到学习中（Higgins 等，2012）。学生们是仅仅玩得开心，还是有迹象表明他们正专注于从他们谈论的内容或他们提出的问题中学习？

如何起作用？

技术可以帮助提升技能。例如，在重新整理时复制、粘贴和插入文本，这比重写更有效果。技术还可以激励学习者再试一次，直到他们成功。比如在使用可汗学院等在线学习教程时。或者，技术可以帮助记录，比如拍照作为复习时的记录。技术的无限可能使得对其进行规范十分困难，但这与教师能否更好地使用技术有关，而与教师是否使用任何特定工具或数字设备无关。我们推想，技术之所以在大多数时间里是有效的，只是因为学生通过数字技术学习的时间更长了。

涉及原则

原则一：香蕉女郎原则

这与拥有平板电脑或触屏设备无关，而是与将这些技术整合到教学和学习中有关。技术可以帮助你专注于与学习目标相一致的特定技能和策略。借助文字处理器，可以更方便地移动、插入和删除文本（至少与在纸上打草稿相比），所以它非常适合重新整理文本，但是它不太适合文本输入（除非你教过学生打字)。对预先准备好的文本进行整理就避免了这一挑战。

原则二：金发姑娘原则

注意技术不能凌驾于学习之上。如果学生使用拼写检查，教师将无法评估他们的拼写。教师要确定可以评估的内容以及技术能支持到何种程度。学生对于在计算机上练习数字组合可能会很有动力，但仍然要记住进行定时测试以检查进度。

意外发现

数字技术在作为补充而不是取代教学时效果更好。与引入新想法相比，技术更擅长巩固学习。可能是因为学生喜欢使用它，所以它会激发练习并帮助学生看到他们在数字世界中所做的事情与他们在现实世界中所做的事情之间的联系。

教学技巧

✓ 首先确定你的教学和学习目标，然后考虑数字技术可以如何提供帮助。
✓ 除非学生花更多时间学习，或者使用数字技术更高效或更有效地学习，否则他们没办法学到更多。你认为会是哪一种情况？如何确定？
✓ 请记住，学生使用技术的动机并不总能转化为更有效的学习，尤其是在技术的使用与期望的学习成果不一致的情况下。

> **领导技巧**
>
> ✓ 请明确任何新技术都将被取代。教师将停止做什么？你怎么知道数字技术方法会促进学生更好的学习？
> ✓ 你是否考虑过任何新的数字技术的生命周期成本？什么时候需要更换，你如何负担得起？
> ✓ 你是否为教师分配了足够的时间，来学习如何使用新的数字工具进行良好的教学？这需要的时间比你想象的要长，这意味着工作人员应当能够流利地使用新的工具，而不仅仅是知道如何打开它！
> ✓ 选择久经实践检验的技术，除非你也准备投资配备技术研发人员。

重点阅读

学术方面

Morphy, P. and Graham, S. (2012), Word processing programs and weaker writers/readers: A meta-analysis of research findings', *Reading and Writing, 25,* (3), 641–678.

实践方面

EEF (2018), 'Digital technology', *Sutton Trust-EEF Teaching and Learning Toolkit,* https://educationendowmentfoundation.org.uk/resources/teaching-learning-toolkit/digital-technology

The EEF also published a review of the use of digital technologies for learning: https://educationendowmentfoundation.org.uk/public/files/Publications/The_Impact_.of_Digital_Technologies_on_Learning_(2012).pdf. Have a look at the six myths in Appendix 1.

McNally, S., Ruiz-Valenzuela, J. and Rolfe, H. (2016), 'ABRA: Online reading support evaluation report and executive summary, October 2016. London: EEF.

第 15 章
小班化教学

学业成就	+3 个月	-1 0 +1 +2 **+3** +4 +5 +6 +7 +8
学习效益	• 减轻教师的压力。 • 改善行为。	
意外发现	• 缩小班级规模以提高成绩的性价比不高。	
教学技巧	• 考虑哪种方法最适合学生发展的特定阶段。 • 调配其他助教以达到最佳效果。 • 在更大的班级中使用可以使个别学生获得更多反馈的策略。	
领导技巧	• 考虑为低年级学生开设小班。 • 思考在全班教学中如何调配其他的教职工。 • 不要扩大班级规模！	
涉及原则	• 香蕉女郎原则 • 阈值效应	

是什么？

班级规模各不相同，但发达国家的大多数学校每班有 20—30 名学生。班级人数少通常被认为是可取的，但它真的有效吗？教授小班课程似乎更容易，但有证据表明，多配备的教师和教室的成本超过了学习方面的益处。

有用吗?

减少班级学生人数会提高课堂教学质量,这似乎很明显,但实际上,这对学生进步的影响很小。鉴于雇用更多教师的高昂成本,这一做法的有效性令人感到失望。有证据表明,年幼的儿童和来自贫困环境的儿童将可能更直接地从小班教学中受益(Vaag Iversen 和 Bonesrønning,2013)。

 学习效益

尽管对成绩的影响很小,但据报道,减少班级学生人数还有其他好处。班级较小,行为问题较少,教师压力较小。这些都是需要考虑的重要因素,但就成绩而言,最好为一对一辅导或密集的小组教学配备更多的教师或助教(参见助教,第 25 页,以及一对一辅导,第 29 页)。

如何起作用?

理论上,较小的班级或教学小组会扩展教师可以采用的方法的范围以及提升每个学生受到的关注量,从而改善学生的学业成绩。然而,除非班级非常小(最多 17 名学生;Nye 等,2002),否则教师很难改变他们的做法,因此这会使教学成本增加一倍。虽然学生也有可能在较小的班级中获得更多反馈,但我们应该对此持谨慎态度,因为过多的个性化可能是有害的(参见第 21 页)。较小的班级也较少干扰,因此小班教学的效果可能并不完全与老师的行为有关(McKee 等,2015)。

涉及原则

原则一：香蕉女郎原则

重要的不是小班化教学，而是你在课堂上教得有多好。你可以在小班里做一些不同的事情。教师可以更多地观察学生的进步，并有时间解决学生遇到的困难。

原则二：阈值效应

直到学生人数远低于 20 人时，小班教学的好处才会显现出来。这可能是因为较小的班级规模为教师提供了灵活性。当你专注于 4 名学生而不是其他 4 个小组时，你更容易同时关注到另外 2 个分别只有 6 名学生的小组。您还可以仅仅花费几天而不需要花费一周的时间完成这些小组的工作。

意外发现

缩小班级以提高成绩的性价比不高。从成本收益的角度看，尽管班级规模与学习之间存在联系，并且小班的学生往往会做得更好，然而，除非你有能力将班级减少到 15 名学生左右，否则这样的成本是不值得的。

教学技巧

✓ 考虑在学生发展的特定阶段，什么样的教学方法最适合他们——无论是全班教学、小组教学还是有针对性的一对一辅导。

- ✓ 如何才能最好地部署其他教职工（参见助教，第25页）？在更大的班级中，考虑如何使个体获得更多反馈。
- ✓ 考虑使用诸如同行评估、图标、贴纸或小组反馈等技术。

领导技巧

- ✓ 考虑为低年级学生开设小班课程，让他们有一个良好的开端。在这方面投资也许是值得的。
- ✓ 在整个课堂教学中如何部署其他的教职工？他们是一对一地坐着观察或工作，还是与一个小组一起工作？
- ✓ 班级规模的小幅减少是不值得的，所以不要在这方面投资，除非你有能力将班级人数减少到15名及以下。
- ✓ 小班教学的性价比可能不高，但这并不能证明增加班级人数是合理的！

重点阅读

学术方面

Blatchford, P., Chan, K. W., Maurice, G., Lai, K. C. and Lee, J. C. K. (eds.) (2016), *Class Size: Eastern and western perspectives*. Abingdon: Routledge.

Department for Education (2011), 'Class size and education in England evidence report', www.gov.uk/government/uploads/system/uploads/attachment data/file/183364/DFE-RR169.pdf

EEF (2018), 'Reducing class sizes', Sutton Trust-EEF Teaching and Learning Toolkit, https:/educationendowmentfoundation.org.uk/resources/teaching-learning-toolkitreducing-class-size/

第 16 章
夏季出生的劣势

学业成就	−3 个月	−3 -2 -1 0 +1 +2 +3 +4 +5 +6 +7 +8
学习效益	弥补夏季出生的劣势： ● 保持自信和自尊。 ● 预防未成年人吸烟行为的发生。 ● 防止被误诊为学习困难。	
意外发现	● 秋季出生的学生更有可能成为职业运动员。	
教学技巧	● 像对待其他弱势群体一样，监控夏季出生的学生的进步。 ● 解决低期望和缺乏信心的问题。 ● 在任命学生担任班级职务时，要考虑年龄因素。 ● 在与家长讨论学生的进步时，要谈论学生的成熟度。 ● 根据儿童的不同年龄和身体发育情况，调整任何学术研究或体育运动选择。	
领导技巧	● 以适合学生年龄的方式评估学生。 ● 避免父母推迟送孩子入学。	
涉及原则	● 金发姑娘原则 ● 马太效应	

是什么?

6—8月出生的儿童在学校的平均成绩不如秋季出生的同学（Crawford 等，2013）。夏季出生的学生自尊心较低，对自己的能力缺乏信心，并且更容易陷入麻烦之中，更有可能有特殊的教育需求（Sykes 等，2009）。也就是说，你什么时候出生很重要。

出生日期效应已经在世界范围内显现——与后几个月出生的学生相比，在学年最初几个月出生的学生享有持久的学业优势。在体育运动中，研究人员也观察到这种模式，那些刚好在截止日期之后出生的人更有可能被选入球队（Helsen 等，2013）。有些人将其称为相对年龄效应（Relative Age Effect，RAE），但更准确的描述可能是"测试年龄效应（Age at Test Effect）"：在测试和考试中评估年龄较小的学生时，他们的表现较差，可能是因为他们的成熟度较低。

> "我们需要用一个为所有人提供机会的社会来取代今天由时机和特定优势——幸运的出生日期和历史上的幸福时刻——拼凑而成的成功。"
>
> 马尔科姆·格拉德威尔（2009）

弥补这种差距的一个简单方法是计算考试和测试中的年龄调整分数，评估一个孩子相对于同龄人而不是班上年龄较大的学生的进步。预期的进步水平将适用于特定年龄而不是特定时间点。学校将根据这些更公平的测试对排行榜中的排名进行评判。在根据成就将孩子分组或分队时，考虑成熟度也很重要。由年龄带来的差异很重要。夏季出生的学生在7岁时的进步月数平均落后同龄人6个月，在12岁时平均落后3个月，在16岁时仍然平均落后1个月。在英格兰，夏季出生的4—9年级的青少年在5项普通中等教育证书（GCSE）考试中达到国家基准或同等水平的可能性要低6.4个百分点。在这里，我们将相关研究的效果大小转换为等效于《萨顿信托-EEF教学与学习工具指南》中的研究。出生效应的效果与工具指南中的方法不同，后者有更强有力的好处的证据。对于这一点，我们正在研究有哪些方法能够在多大程度上弥补这个差距。

推迟一些学生的入学并不能弥补出生效应所带来的差距，因为教室里总会有年龄较小的孩子，他们还不太成熟。

有用吗？

认识到夏季出生的劣势可以促进青少年的进步。这里的问题之一是我们没有注意这个效应到对个人的影响。我们可能注意到了那些在夏天出生的、取得了成功的孩子。但是我们不知道的是，如果他们晚出生一两个月并且拥有成为一年中最年长的优势，他们可能会取得多大的成功。夏季出生的孩子分布在班级的各个角落，有些只是落后于同龄人。只有当你着眼大局时，你才能看到这个效应对整个群体的整体影响。

如果年幼的孩子错过了择校、升学或大学入学的截止时间点，这些差异可能会影响孩子的人生。当将小学生按"能力"分组时，排名靠前的秋季出生的学生要多得多。年龄较大的学生更有可能被选入需要天赋和才华的项目。一项研究发现，9月出生的学生上大学的可能性比8月出生的同龄人高20%（Sykes等，2009）。

对于缺乏家庭支持的贫困儿童来说，夏天出生将会是一个很大的劣势。在阅读、写作、科学和数学的整体课程中，出生日期都会影响在他们在学校的成功。仅仅是比同学小一个月，也会导致学生学业成绩下降。

学习效益

帮助夏季出生的孩子有很多潜在的好处——无论是在他们的社交和情感发展方面，还是在他们的学业进步方面。他们出现行为问题的可能性几乎是其他孩子的两倍,并且未成年人吸烟的风险更高(Crawford 等,2013)。许多人被教师误诊为有特殊教育需求,教师很容易将不成熟与学习问题混为一谈。这些孩子更容易自卑,对自己的能力缺乏信心。

好消息是这些缺点往往不会持续到成年。研究人员发现,夏季出生的孩子与年长的同龄人一样有可能获得同样的工作和收入,而且健康和快乐的可能性也同样大(Crawford 等,2013)。这种劣势只出现在学校里。

如何起作用?

你应该像对待任何其他弱势学生群体一样对待夏季出生的孩子——根据他们的年龄预期来监控他们的进步,在选择学生参加课堂活动或担任学生干部时注意不要歧视年龄较小的孩子。年龄调整的测试可以提升年龄较小的孩子的分数,这样便可以比较他们的分数与所在年龄组的水平差异。

> "教育程度和其他技能和行为的这些差异可能会在短期内影响儿童的福祉……它们还可能对儿童的生活产生长期潜在的严重影响。"
>
> 克劳福德等(2013)

 涉及原则

原则一:金发姑娘原则

让测试和评估恰到好处是很重要的。孩子参加考试的年龄是学年开始时出生的人和学年末出生的人之间出现成绩差距的主要原因。平均而言,秋季出生的孩子在认知、生理和情感上都比夏季出生的同学更成熟。他们表现得更好也就不足为奇了。这并不是因为夏季出生的学生的"能力"低;只是因为他们年龄更小。这有时被称为"测试年龄效应",在一年中不同时间开学的学校中都发现了这一效应。

在小学的预备班中,年龄最大的学生可能比最小的学生成绩高25%;到临近毕业时,年龄的优势仍能达到6%。他们享有的考试成绩优势反映了这些相对年龄差异——随着儿童年龄的增长而缩小。对于夏季出生的学生来说,在考试中表现不佳会产生一系列连锁反应,进而削弱他们的自信心。我们应该努力在学校里减少这些影响。

原则二:马太效应

然而,"年龄测试"效应并不能完全解释夏季出生的劣势和成就差距。马太效应意味着年龄较大的孩子最初的优势往往会得到保持。8月出生的学生(或学年最小的学生)自尊心较低,因为他们会参照班级排名来看自己。如果学生认为自己与更成熟的学生相比成绩较差,这很可能会变成自我预言的实现。重要的是他们的相对位置。这种相对年龄效应也会导致较低的考试分数,这又会影响学生对自己的判断。

> "在文明不那么发达的时代,占卜师经常可以随心所欲。在英格兰的青少年足球领域,9月出生的人比8月出生的人表现要好得多。"
>
> 马修·赛义德(2011)

意外发现

年龄较大的儿童体型更大、协调性更好,更有可能被选入运动队。出生日期的影响在足球、橄榄球和无板篮球队中普遍存在,在这些球队中存在位置竞争(Cobley等,2008)。年龄较大的学生在心血管健康、肌肉力量和加速能力的评估中平均得分更高。他们跑得更快,跳得更高,而且比年轻的同龄人更强壮。他们得到了更多的支持和指导，更有可能成为精英球员。调查显示，年龄较大的学生更有可能成为职业运动员（Musch 和 Hay，1999）。例如，足球协会发现57%的英超球员出生在9月—12月之间，而14%的球员出生于5月—8月（Jackson，2011）。我们可能因未区分身体成熟度和运动能力而错过了人才。

教学技巧

✓ 警惕较晚出生的孩子面临的劣势，并分享缩小成绩差距的最佳做法。
✓ 监控夏季出生的孩子的进步和健康，就像你对其他弱势群体所做的一样，如母语非英语的儿童或接受免费校餐的贫困儿童。教师应特别注意解决低期望和缺乏信心的问题。教师还要留意那些涉及到特殊需要或危险行为的夏季出生的孩子。
✓ 在任命学生担任学生干部时要考虑年龄。
✓ 在与家长讨论学生的进步时，切记要考虑学生的年龄和成熟度。要理解希望重新参加 GCSE 或 A-level 考试的夏季出生的学生。
✓ 调整体育队伍的选择，考虑不同年龄儿童的身体发育，此外选择不应仅基于身体成熟度。

领导技巧

✓ 按实际年龄组（出生月份或出生季节）而不是班级为单位来评估学生。任何测试或评估都应根据年龄进行调整，以便对学生进行平等地评判。在择校、升学或大学入学时，根据孩子的成绩将孩子分组或分类，这

> 一点尤其重要。
> ✓ 允许父母推迟孩子的入学时间无助于解决生日效应。孩子们在考试中表现更好是因为他们更成熟，而不是因为他们在学校待的时间更多。

重点阅读

学术方面

Crawford, C., Dearden, L. and Greaves, E. (2013), 'When you are born matters: Evidence for England', *IFS Reports* (No. R8O). London: Institute for Fiscal Studies.

Helsen, W. F., Baker, J, Schorer, J., Van Winckel, J. and Williams, M. A. (2013), The relative age effect in European Professional Soccer: Is there any difference after ten years of research?', *Journal of Exercise, Movement, and Sport*, 45, (1).

Sykes, E. D. A., Bell, J. F. and Rodeiro, C. V. (2009), 'Birthdate effects: A review of the literature from 1990-on'. Cambridge: Cambridge Assessment.www.cambridgeassessment.org.uk/lmages/109784-birthdate-effects-a-review-of-the-literature-from-1990-on.pdf

第 17 章
学习准备

	学业成就	+2 个月	−1 0 +1 +2 +3 +4 +5 +6 +7 +8
	学习效益	• 更健康的生活和改善的生活品质。 • 降低患重大疾病的风险。 • 提高出勤率和改善行为表现。	
	意外发现	• 参加入校前的"早餐俱乐部"并不是吃东西就可以提高成绩。	
	教学技巧	• 考虑这些计划所需的额外时间。 • 考虑不同年龄组需要哪些类型的干预。 • 制定关于如何实施计划的明确说明。 • 向父母宣传更健康生活方式的好处。 • 敏锐地聚焦于最有可能受益的学生。	
	领导技巧	• 创造一种拥抱更健康的生活、幸福和乐于学习的文化。 • 认识到学校工作人员需要额外的时间和努力来制定和实施计划。	
	涉及原则	• 马太效应 • 乘数效应	

是什么？

我们可以做很多事情来帮助儿童和青少年为在学校学习做好准备。有证据表明，这种准备可以帮助学生更好地学习。在本章中，我们将研究被证明能够帮助学生学得更好的准备工作的相关领域。本章的内容不是来自《萨顿信托-EEF 教学与学习工具指南》，而是来自其他关于健康和福祉等更广泛方面的研究，如提供膳食或阅读所需要的眼镜。这些行为并不总是对进步有直接影响，但它们是否阻碍了学生的学习这一点仍值得研究。

让孩子们过上更健康的生活——吃得更好、睡得好、身心健康——对于更健康的学习来说都是必不可少的。

这些项目包括从为学生提供免费的日常早餐和午餐到建议孩子如何获得充分的睡眠，鼓励他们锻炼并确保视力不佳的人配戴眼镜，此外，还包括旨在改善儿童的福祉的其他干预措施，如教授正念技巧、认知行为疗法，以及提高对焦虑、抑郁和其他心理健康问题的认识。

有用吗？

上学前免费的日常早餐或午餐可以极大地提高学习成绩。最近 EEF 对"早餐俱乐部"的一项研究表明，这一举措可以让小学生在一学年时间里，取得相当于学习一学年额外再加 2 个月的效果（EEF，2018e）。

睡眠教育计划在解决青少年睡眠不足问题方面带来了一些希望。青少年睡眠不足已被认为是一个重要的公共卫生问题，他们比成年人晚睡，比成年人晚醒，但我们尚未证明这些干预措施可以改善睡眠和学习成绩（Dewald 等，2010）。

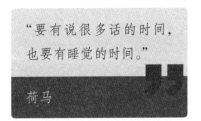

"要有说很多话的时间，也要有睡觉的时间。"

荷马

在英国以外的研究发现,让孩子戴眼镜可以帮助学生在一学年时间里,取得相当于学习一学年额外再加 2 个月的效果(例如,参见 Ma 等,2014)。在英国,大约 10%—15% 的儿童未通过硬性视力测试,但其中三分之一的儿童没有被带到配镜师那里配眼镜。

研究表明,在课程中添加适度甚至是剧烈的活动可以促进学业进步(英国公共卫生局,2014)。同时,也有很好的证据表明,旨在提高学生的适应力和幸福感的计划可以提高学业成绩。儿童的非认知技能——包括动机、毅力和自我控制——与改善学习成绩和以后生活的其他积极成果有关,如财务稳定和减少犯罪。但到目前为止,证据还不足以令人信服地得出结论:这是一种因果关系(Gutman 和 Schoon,2013b)。

学习效益

这些项目有可能使儿童的生活更健康、学习更有成效。其中一项是提高了学生在校出勤率,改善了学生行为表现,进而带来了更大的学业进步。而未来的潜在收益远不止这些。定期锻炼和健康饮食可以降低患重大疾病的风险,可以提高自尊和睡眠质量。在面对诱惑和冲动时,也会更有动力、表现出更多勇气、能够调节自己的情绪和行为,这些都是与学业成绩一样重要的人生宝贵财富。

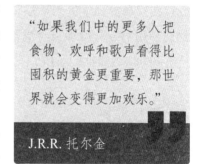

"如果我们中的更多人把食物、欢呼和歌声看得比囤积的黄金更重要,那世界就会变得更加欢乐。"

J.R.R. 托尔金

如何起作用?

为饥饿和营养不良的儿童提供低糖、低盐和低脂肪的营养食品,将使他们能够专注于学习。解决睡眠不足或缺乏锻炼的问题可以改善课堂注意力和行为并提高成绩。问题是，教师需要多少时间和资源来应对来自校外的学习障碍。

在一项名为"青少年睡眠"（Teensleep）的睡眠教育计划中，研究者为教师提供总共十节，每节半小时的课程，强调睡眠的重要性并提供改善睡眠的实用技巧，如晚上要避免咖啡因和蓝光。尽管 EEF（2019b）发表的一项试点研究指出，他们还未发现睡眠改善的证据，但学生报告说，他们打瞌睡的频率降低了。

在教室里戴眼镜这方面，学校要与视力协调员共享眼科测试的结果，并培训学校工作人员以支持学生配戴眼镜（EEF，2019c）。此外，还要有能够支持学生在学校留有备用眼睛的资金。

身体活动课程（Physically Active Lessons，PAL）指的是在在教学期间融入短暂的运动时间。这一做法的目的是让学生在每周的上学时间里，每天都进行一天两次、每次10—15分钟的锻炼（EEF，2017c）。

在旨在提高学生的幸福感、适应力和积极性的项目中，认知行为疗法是经常被使用的。此类项目每周需要花1小时的时间，可以替代学校目前的个人、社会和健康教育课程（EEF，2019d）。

 涉及原则

原则一：马太效应

解决校外健康和福祉方面的严重不平等，能够提高弱势学生在课堂上的成绩。大量研究文献表明，来自贫困环境的儿童与较富裕的同龄人在健康生活方面的巨大差距削弱了前者过上更长寿、更健康生活的机会。弱势儿童不太可能经常锻炼和均衡饮食，也不太可能遇到其他直接影响他们学习的问题，如在眼科检查中被诊断为视力不佳后戴眼镜。这些因素都会对儿童的学习能力产生深远的影响。

原则二：乘数效应

开设"早餐俱乐部"的学校体验到了乘数效应——学生的行为总体上有所改善。这可能是由于饥饿的学生或迟到的学生对课堂的干扰较少，从而创造了更好的课堂环境。

意外发现

"早餐俱乐部"项目是一项为小学生，特别是贫困地区的小学生提供免费日常早餐的计划，该项目发现对学生产生影响的不是吃早餐，而仅仅是参加早餐俱乐部（EEF, 2018e）。可能是在一天的学习开始之前先适应学校的日程，可以帮助学生为即将到来的学习做好准备。

教学技巧

✓ 你在与核心课堂教学无关的项目上，要对额外投入的时间做好计划。
✓ 制定一套关于如何实施该项目的明确说明，以便它能够持续有效地运行。
✓ 考虑不同年龄组需要哪些类型的干预——睡眠不足是青少年面临的问题，而早餐则是对年幼的孩子特别有益。
✓ 向家长宣传活动以鼓励家长参与，传播更健康生活方式的好处。
✓ 鼓励所有儿童参加，同时敏锐地聚焦于最有可能受益的学生。

领导技巧

✓ 做到言行一致：创造一种拥抱更健康的生活、幸福，以及乐于学习的

> 文化、精神和环境。
> ✓ 认识到学校工作人员需要额外的时间和努力来制定和实施计划。你可以去掉哪些效率较低的活动从而为他们节约时间？

重点阅读

学术方面

Blunden, S. and Rigney, G. (2015), 'Lessons learned from sleep education in schools: A review of dos and don'ts', *Journal of Clinical Sleep Medicine*, 11, (6), 671–680, www.ncbi.nlm.nih.gov/pmc/articles/PMC4442228/

Brown, V., Crawford, C., . Dearden, L, Greaves, E., Kitchen, S., Payne, C., . Purdon, S. and Tanner, E. (2012), 'Evaluation of the free school meals pilot: Impact report'. London: Department for Education. www.ifs.org.uk/publications/6279

Slavin, R. E., Collins, M. E., Repka, M. X., Friedman, D. S., Mudie, L. I., Owoeye, J. O. and Madden, N. A. (2018), In plain sight: Reading outcomes of providing eyeglasses to disadvantaged children', *Journal of Education for Students Placed at Risk*, 23, (3), 250–258.

实践方面

Crawford, C., Edwards, A., Farquharson, C., Greaves, E., Trevelyan, G., Wallace, E. and White, C. (2016), 'Magic Breakfast: Evaluation report and executive summary'. London: EEF. https://educationendowmentfoundation.org.uk/public/files/Projects/Evaluation__Reports/Magic__Breakfast.pdf

Public Health England (2014), 'The link between pupil health and wellbeing and attainment: A briefing for head teachers, governors and staff in education settings', https://assets.publishing.service.gov.uk/government/uploads/system/uploads/attachment_data/file/370686/HT__briefing_JlayoutvFINALi.pdf

第 18 章
个性化教学

学业成就	+3 个月	-1 0 +1 +2 **+3** +4 +5 +6 +7 +8
学习效益	• 培养独立性和个人责任感。	
意外发现	• 要做好比看起来更难！	
教学技巧	• 确保充分利用学生的时间。 • 计算准备、管理和监控多个任务的成本。 • 在短周期内使用个性化教学来保持学生的积极性。 • 将个性化教学作为其他方法的补充。	
领导技巧	• 确保充分利用教师的时间。 • 确定能最大化实现自我管理的数字技术解决办法。	
涉及原则	• 金发姑娘原则 • 马太效应	

是什么？

个性化教学是指给学生分配不同的任务并给予学生个人以支持和反馈。个性化教学基于这样一种理念，即所有学习者都有不同的需求，并且可能会以不同的速度相互学习。个人定制的方法应当更有效（EEF，2018f）。

目前研究者已经尝试研究了各种个性化教学模式，特别是在数学等科目中（Horak，1981），学生可以完成单独的活动。教师在管理任务和支持学习者方面发挥监督作用。数字技术已被用于通过辅导计划提供更加个性化的活动和反馈（Steenbergen-Hu 和 Cooper，2013）。个性化教学有时也被称为个别化教学，有些人认为要使学习完全个别化，学习者应该对他们所学的内容做出选择。

个性化或个别化教学可以与其他方法相结合，比如掌握方法（参见第 51 页），用于确保学习者跟上课堂进度。通过教授学习者独立应用的策略或技术，它可以成为应用元认知技能或发展更大的自我调节能力（参见第 35 页）的一种方式。它与一对一辅导（参见第 29 页）等方法的不同之处在于，它的重点是独立于教师的活动。教师倾向于采用不那么直接的方法并监控进度。

当然，有些孩子需要个性化的特殊计划或支持计划。我们在这里谈论的不是这个，尽管它很重要。本章是关于旨在为全体学生提供个性化或定制课程的系统方法。

有用吗？

当学习者有主观能动性且有能力时（见自我调节与元认知，第 35 页），个性化教学就会发挥作用，并且可以培养独立性和更大的学习信心。任务和活动需要处于恰当的挑战水平，以便学习者成功取得进步（不至于那么容易，导致学习者没有学到任何东西，也不能那么难，超出学习者

> "现实情况是……许多学校购买现成的软件并称之为'个性化教学'，却无法说出课堂应该改变什么。即使学校确实有更广阔的视野，他们也经常没有认识到成功在很大程度上取决于教育工作者和管理人员在实践中所做出的决定。"
>
> 路易斯·戈麦斯（于奥地利，2017）

自我学习的能力范围）。在学习者有能力独立完成任务之前，个性化教学可能无法很好地发挥作用（Connor 等，2013）。个性化教学的准备和管理也可能很耗时。研究表明，它更适合年龄较大的学生，并且更适合较短的单元（Boden 等，2000）。

学习效益

成功使用该方法可以培养更加独立和自信的学习者。学生可以看到他们正在取得的进步，并将其归因于自己的努力（Yeh，2010）。

如何起作用？

使用技术以实现个性化的方法表明，要使个性化教学取得成功，有两件事很重要。首先，学习者需要在适当的水平上获得任务和反馈（参见本书第 17 页）。其次，他们取得进步的速度需要比他们在课堂环境中的进步速度更快，包括课堂任务和课堂反馈。一位教师上一节课是很难做到这一点的。因为在个性化的课堂上，教师所花费时间的效果可能无法立刻显现。教师成为了管理者或协调者，而不是指导者，他们向班级展示、示范和提供反馈。在课堂环境中，高水平的挑战可能更容易持续，因为教师可以对此做出反应并在额外的支持下进行调整，但是安排 25 名学生同时进行不同任务的难度实在太大，是不可能在一节课中完成的。这意味着在实际操作中，学生往往会获得更容易完成的任务，这更容易管理，但对学习者来说，挑战水平却可能太低了。

要在课堂上进行个性化教学，请遵循以下 6 个步骤以确保实施的成功：

1. 设定明确而具体的目标。

2. 确保目标具有挑战性且切合实际。
3. 检查目标是否被学生理解和接受。
4. 确保目标灵活并定期调整以适应进展。
5. 让学生也监督自己的进步。
6. 鼓励学生接受更大的挑战。

> "个性化教学强调为每个学生提供不同的内容和方法，这可能会导致期望值降低、不平等现象加剧以及使学校更难承担责任。"
>
> 迈克尔·佩特里利
> （于奥地利，2017）

 涉及原则

原则一：金发姑娘原则

让个性化教学发挥作用面临着以下几项挑战。首先，不能花太多时间去组织和管理，否则你可能会无法完成其他有价值的事情。其次，学习者需要从自己从事的活动中受益。最后，必须为每个学生设置恰到好处的任务和活动的挑战级别，否则可能会浪费他们的时间。

原则二：马太效应

为了使个性化教学运作良好，学习者需要具备独立完成任务的主观能动性，并具备在遇到困难时应对挑战的技能。这往往有利于学习者取得更大的进步和成功。缺乏主观能动性和决心的学习者可能会陷入困境，或者速度较慢。

意外发现

个性化教学要做好比看起来更难。所有的教师都想满足每个学生的需求，但实际上这比看起来要困难得多。尽管平均影响是积极的，但并非所有个性化教学的方法都取得了成功。教师的角色可以从教学性转变为更具有管理性，感觉就像正在尝试同时在25根杆子上分别旋转25个盘子。如果你曾经看过有人尝试这样做，他们一定是疯狂地从一个杆子跑到另一个杆子前面，这样做确实给了每个人一点时间，但是大部分时间教师都在杆子之间奔跑。

这可能就是使用数字技术的方法能够成功的原因。任务和活动内置于软件中，因此教师不必花时间开发或选择它们。学习者通常会从技术中获得快速的反馈，这样可以使他们保持在正轨上。然后，教师可以从该技术中获取信息，确定谁可能在不同的主题上苦苦挣扎，并为陷入困境的群体提供一些有针对性的教学。

教学技巧

- ✓ 注重效率——确保充分利用学生的时间。他们需要在适当的水平上练习和巩固。如果他们正在学习新的技能或内容，他们需要有能力在遇到困难时知道该做什么。如果他们没有主观能动性和决心，他们的学习节奏可能会降低。如果他们正在练习和巩固知识或技能，请检查该练习是否必要且有效。
- ✓ 计算准备、管理和监控25—30名学生进行所有不同任务和活动的成本，以及与小组或全班合作的效率。确保合理利用你的时间！
- ✓ 在短周期内使用个性化教学，或可将其作为给学生的个人挑战，带有明确的个人改进目标，这样学习者可以在几周内看到自己的进步。
- ✓ 将个性化教学作为其他方法的补充。例如，在数字技术或助教的支持下，你可以让一组学生完成个性化任务以进行有效的练习和巩固，同时你还可以集中性地对另一个目标群体进行教学。

> **领导技巧**
> ✓ 注重效率——确保充分利用教师的时间。教师的时间很容易被管理问题占用，要确保教师仍有足够的时间进行课堂和小组教学。
> ✓ 选定可以提供帮助的数字技术，如教学程序或包含诊断和反馈的软件，以准确适应学生的挑战水平。识字和数学方面的实践课程也很有效。去寻找自适应技术吧。

重点阅读

学术方面

EEF (2018), 'Individualized instruction', Sutton Trust-EEF Teaching and Learning Toolkit, https://educationendowmentfoundation.org.uk/evidence-summaries/teaching-learning-toolkit/individualised-instruction/

Ma, W., Adesope, O. O., Nesbit, J. C. and Liu, Q. (2014), Intelligent tutoring systems and learning outcomes: A meta-analysis', Journal of Educational Psychology, 106, (4), 901.

Yeh, S. S. (2010), 'Understanding and addressing the achievement gap through individualized instruction and formative assessment', Assessment in Education: Principles, Policy and Practice, 17, (2), 169–182.

实践方面

Pearson, S. (2016), Rethinking Children and Inclusive Education: Opportunities and complexities. London: Bloomsbury Academic.

Tod, J, Castle, F. and Blamires, M. (1998), Individual Education Plans Implementing Effective Practice (IEPs). Abingdon: Routledge.

第19章
协作学习：有效合作

学业成就	+5 个月	-1 0 +1 +2 +3 +4 **+5** +6 +7 +8
学习效益	• 改善行为和增强动机。	
意外发现	• 教学生如何一起学习将使所有学生获益。	
教学技巧	• 先易后难。 • 仔细设计任务。 • 谨慎利用竞争。	
领导技巧	• 为教师运用协作学习方法提供专业发展支持。 • 确保记录留存的方式不破坏协作方法。	
涉及原则	• 香蕉女郎原则 • 金发姑娘原则	

是什么？

协作或合作学习方法指的是学生在一个小组中一起完成活动或学习任务，该小组足够小，组中的每个人都可以参与已明确分配且结构良好的集体性任务（Slavin 等，2003）。

小组中的学生完成不同的子任务，而这些

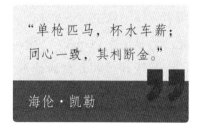

"单枪匹马，杯水车薪；
同心一致，其利断金。"

海伦·凯勒

子任务都指向共同的总体结果的实现，或者小组成员一起完成指向相同结果的共同任务（Gillies，2016）。

同伴辅导也可以被视为一种协作学习，因为是学习者互相教彼此，但它作为一个单独的主题被包含在本书中（参见第 45 页）。

一些协作学习方法会涉及让混合能力的团队或小组相互竞争。这是在利用组间竞争推动组内协作。涉及不同类型的组织和任务的协作学习方法有很多种。教师的角色在这里至关重要（Buchs 等，2017），因为教师如何介绍、构建和支持协作学习会影响学生的反应。在过程（合作良好）和结果（成功学习）之间取得平衡并产生效果是一项艰巨的任务。

有用吗？

协作方法对学习的影响是积极的，可以帮助学生在一学年时间里，取得相当于学习一年再加 5 个月的效果（EEF，2018g）。然而，能否正确处理细节很重要，这决定着最终的影响程度（Slavin 等，2003）。有效的协作学习不仅仅

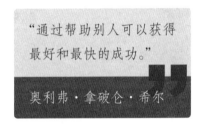

"通过帮助别人可以获得最好和最快的成功。"

奥利弗·拿破仑·希尔

需要教师安排学生坐在一起并要求他们在一个小组中学习，更需要教师运用具有精心设计任务的结构化方法，这样才可以实现学习收益的最大化。有一些证据表明，团队之间的竞争可以支持协作，但这不是必需的，并且可能会导致学习者专注于竞争而不是学习。此外，促进学习者之间的交谈和互动会带来最大化的学习收益（Gillies，2016）。

系统评价和元分析研究对于协作学习的益处提供了具有一致性的证据，如在读写能力（Puzio 和 Colby，2013）、数学（Capar 和 Tarim，2015）和科学（Romero，2009）方面。还有间接证据表明，协作学习可以提高其他方法

的有效性，如掌握学习（参见第 51 页）或数字技术（Higgins 等，2012；参见第 83 页）。如果活动是根据学习者的能力而设计的，那么协作学习对于所有年龄段的人都有效。协作学习适用于整个课程。需要注意的是，学校采用的所有具体方法并非都经过评估，因此在实施任何新举措之前进行测试是非常重要的。

 学习效益

相关研究还报告了其他好处，包括改善社交互动以及创建更好的课堂氛围。教师反馈说协作学习促进了学生行为的改善和动机的增强，教师关注的重点转向互动。当学生一起完成任务时，教师可以观察和评估学生当前的能力，思考如何挑战和扩展他们的技能、知识和理解力。在一起学习时，学生不断调整着彼此的行为和互动，教师的控制是间接的。

如何起作用？

协作学习背后的理论是，在一起学习的过程中，学习者汇集了他们的想法，这样他们就可以互相帮助。他们还可以考虑彼此相关的不同想法并选择最好的。"三个臭皮匠顶个诸葛亮。"我们认为除了这种情况外，大多数情况下，一起学习的学习者会确保彼此专注于任务并保持较高的参与度，他们并不会完成比他们自己能完成的任务要困难得多的任务，而是在具有适当挑战水平的任务和活

"竞争已被证明在一定程度上是有用的，但是没有进一步的意义；而合作是我们当前必须争取的事情，合作从竞争停止的地方开始。"

富兰克林·罗斯福

动中获得更多练习,并且在遇到困难时互相帮助。这也意味着教师可以观察学习者的谈话并明确他们的想法,从而为评估和评价他们正在做的事情提供了绝佳的机会。

 涉及原则

原则一:香蕉女郎原则

注重质量是协作学习的关键原则。关键的是教师对学习者如何一起学习、如何在学习内容上协作以及如何改善学习结果的微观细节进行设计。因为一起学习可以让学生有更长时间来完成任务,所以设置的任务是否提高了学习量?你会设置更具挑战性的任务,让学习者共同努力,让他们在无法单独完成的情况下共同取得成功吗?在规划中考虑这种微观细节是必不可少的。

原则二:金发姑娘原则

良好的任务设计是关键。太容易了,锻炼不到团队成员;太难了,团队成员会发现很难一起完成任务。教师要寻找构建协作的教学方法,可以是简单的结构,如"思考、配对、分享",也可以是更复杂的结构,如拼图式。这种特殊的技术可以使学生相互依赖并取得成功。小组通过完成子任务,然后将子任务(拼图)拼凑在一起来完成活动。它是由社会心理学家埃利奥特·阿伦森(Elliot Aronson)设计的,旨在帮助消除美国学校中因强制融合而产生的种族紧张局势(Aronson 和 Bridgeman,1979 年)。该技术的具体方法是将班级分成不同小组,分别解决小问题,最后组内整理成最终结果。例如,教师将课堂作业分为不同主题;然后将学生分成混合小组,给组内每位成员分别分配一个主题;每个学生单独学习,了解他或她的主题并将其呈现给他们小组的其他成员;接下来,教师再将学生按主题分组,每个成员再次向主题小组成员展示自己的学习成果。在相同主题的小组中，学生协调观点并综合信息，最终创建一份自己的总结报告。最后，重新召集最初的混合小组，小组成员再次听取每个成员的演讲。最后的演讲让所有小组成员了解到组内成员的材料，以及从特定主题的小组讨论中得出的发现。在运用这种方法的过程中，良好的组织和支持是必不可少的。

意外发现

教学生如何一起学习将使所有学生获益。你可能更期望小学或中学毕业时的年龄较大的学生能够成功地一起学习，不过你必须得花一些时间明确期望并让学生练习他们需要的特定技能，只有这样他们才能很好地合作。

教学技巧

✓ 先易后难——首先使用配对和小组活动。学生需要支持和练习才能有效地合作；合作不会自动发生。一旦学生习惯了以小组形式和简单的结构（如配对方法）一起学习，你就可以尝试更复杂的结构（如相互竞争的协作团队或分配团队角色的结构）。

✓ 仔细设计任务，确保学生在一起的学习是有效和高效的，否则一些学生可能会尝试自己学习，这是对设计糟糕的任务的合理回应。

✓ 谨慎使用竞争。小组之间的竞争可以用来支持学生更有效地合作。然而，过分强调竞争会导致学习者专注于获胜而不是通过学习取得成功。

✓ 确保成绩较差的学生有机会在协作任务中交流和表达他们的想法，以保证他们能从这种方法中受益。自信和善于表达的学习者很容易在小组合作中占据主导地位。

> **领导技巧**
>
> ✓ 为教师运用协作学习方法提供专业发展支持。协作学习可用的任务结构有很多种，几乎没有人能熟练地使用全部结构。即使了解所有可能的结构，将它们恰当地运用于特定的课程和特定的学习成果也是具有挑战性的。教师需要实践和支持，即使对于经验丰富的教师来说也是如此。
>
> ✓ 确保记录留存的方式不会破坏协作方法。一项任务保留一份小组记录就足够了，你不应该期望每项活动都有单独的结果。

重点阅读

学术方面

Capar, G. and Tarim, K. (2015), "Efficacy of the cooperative learning method on mathematics achievement and attitude: A meta-analysis research', *Educational Sciences: Theory and Practice, 15*, (2), 553–559.

Gillies, R. M. (2016), 'Cooperative learning: Review of research and practice', *Australian Journal of Teacher Education, 41*, (3), 3.

Mercer, N, Dawes, L., Wegerif, R. and Sams, C. (2004), 'Reasoning as a scientist: Ways of helping children to use language to learn science', *British Educational Research Journal, 30*, (3), 359–377.

Slavin, R. E., Hurley, E. A. and Chamberlain, A. (2003), 'Cooperative learning and achievement: Theory and research', in Reynolds, W. M., Miller, G. B. and Weiner, I. B. (eds.), *Handbook of Psychology: Educational psychology* (pp. 177–198). Hoboken, NJ: John Wiley and Sons.

实践方面

Dawes, L., Mercer, N. and Wegerif, R. (2000), *Thinking Together: Activities for teachers and children at Key Stage 2.* Birmingham: Questions Publishing Co.

Kagan, M. (2015), *Kagan Cooperative Learning* (revised edn.). San Clemente, CA: Kagan Cooperative Learning.

Slavin, R. E. (2015), 'Cooperative learning in elementary schools', *Education 3–13, 43*, (1), 5–14.

第 20 章
为健康和更多益处而运动

学业成就	+2 个月	-1　0　+1　**+2**　+3　+4　+5　+6　+7　+8
学习效益	• 身心更健康。 • 减少肥胖。 • 提高社交技能（如团队合作）。 • 提高出勤率。	
意外发现	• 将体育和学术活动相结合来激励学习者，可以产生惊人的影响。	
教学技巧	• 活动需要有规律，至少强度适中。 • 年幼的孩子需要有机会频繁而有强度地活动。	
领导技巧	• 确保满足学生的身体和智力需求。	
涉及原则	• 香蕉女郎原则	

是什么？

旨在通过干预和提高体育参与度以增加体育活动的研究，通常被视为提高学生的在校参与度和成绩的一种手段。具体做法可能是有组织的课后活动，也可能是由当地体育俱乐部或协会举办的项目。有时，体育活动被当作鼓励

> "你不仅应该祈求健康的身体,还应该祈求健康的心灵。"
>
> 尤文纳尔

年轻人参与额外学习活动的一种手段,例如在当地足球俱乐部进行足球训练并结合学习技能、识字、计算机或数学课程。这样的做法没有抓住重点,我们需要儿童和青少年进行体育锻炼,比他们的数学考试成绩有更重要的原因(尽管数学成绩很重要)。

有用吗?

体育参与度和体育活动对小学(de Greeff 等,2018)和中学(Trudeau 和 Shephard,2008)学生学业成绩的总体影响常常是积极的,但效应很低(大约 2 个月的进步月数;Singh 等,2012)。

来自英国的证据表明,体育参与度可以产生更大的影响,比如对数学学习,但仅在与结构化算术教学相结合的情况下。一项研究显示了长达 10 个月的进步月数的影响(Schucan-Bird 等,2013)。在这项研究中,"参与"激励着学生接受额外指导。与涉及特定类型的方法或体育活动相比,项目质量和由学术学习引发的联系可能会产生更大的影响。

 学习效益

体育活动越多,对健康的益处就越大。英国的国家医疗服务体系(NHS,2018)建议儿童每天至少应进行 60 分钟的活动。运动至少应该是中等强度的。也就是说,每天进行 30 分钟的活动可以带来好处——特别是对于肥胖高风险的儿童来说,有总比没有好。团队运动与改善社交互动、社交技能和信心有关,这可能是由于此类活动的社交性质。这类活动还提供了发展领导技能和理解战略和战术的机会。另外还有一些注意事项，如确保健康成长：一些运动可以促进身体一侧的肌肉和骨骼发育，例如网球或单桨划船。非接触式运动可以规避其他风险，例如橄榄球等运动中的脑震荡。

然而，目前在学校进行的运动和锻炼并不是健康生活的灵丹妙药，因为参加体育运动的孩子并不总是喜欢健康的饮食。研究发现，虽然他们会吃更多的水果和蔬菜，但他们也会摄入更多的快餐和含糖饮料。目前尚不清楚现有的做法是否能保护年轻人免于超重。

我们需要提高我们的水平——无论是在我们为学生提供的体育锻炼和运动中，还是在阐明体育活动与许多可能的积极结果之间更清晰的因果关系所需的严格研究中。

如何起作用？

体育活动发挥作用的主要机制似乎是通过增强信心或以参与体育活动的机会促进练习。关于其对其他学科的影响机制（在心理学文献中称为"转移"）的研究尚不清楚（参见艺术参与，本书第119页）。最近的一些研究表明，学习控制自己的注意力并专注于自己正在做的事情可能是一种重要的基础能力（Greenwood 和 Parasuraman，2016）。

 涉及原则

原则：香蕉女郎原则

体育参与和体育活动对学业成绩的影响存在相当大的差异。这表明项目的质量以及与学术学习的联系比涉及特定类型的方法或体育活动更重要。

> "真正的享受来自于头脑的活动和身体的锻炼，两者永远团结在一起。"
>
> 威廉·冯·洪堡

如果你对体育运动产生的广泛的教育益处感兴趣，包括在发展协作技能、使用策略或领导技能方面的益处以及给身体带来的益处，那么仅仅是体育参与可能就足够了。如果你对提高读写能力或数学等特定科目感兴趣，那么你可能需要考虑如何建立联系或利用体育参与来激励学生增加练习。

意外发现

将体育和学术活动结合来激励学习者可以产生惊人的影响。一项研究发现，体育运动和强化教学相结合可以带来多达10个月的进步月数（Schucan-Bird 等，2013）。

教学技巧

- ✓ 所有学生的体育活动都必须有规律，至少强度适中。定期锻炼将为儿童和青少年身体发育带来益处，应将其纳入学校日程表。
- ✓ 确保儿童有机会经常运动和参与有一定强度的运动，从而促进肌肉和骨骼的生长以及健康生活方式的养成。
- ✓ 将在运动中取得成功的策略与其他学科的策略以特定的方式关联起来。
- ✓ 在许多团队游戏中，协作技能都是必不可少的；同样，使关联更明确或使用体育中的一些语言作为隐喻，可能是促进学生在更多的学业学习中建立联系的有用方法。

> **领导技巧**
>
> ✓ 确保满足学生的身体和智力需求。学校在教育学生,以及培养学生与学业学习和体育锻炼相关的有效习惯方面发挥着重要作用。
> ✓ 有许多组织和慈善机构可以帮助开展学校体育活动,而且你并不总是需要使用自己的设施。
> ✓ 安排学生定期步行或慢跑可能是开始体育活动的好方法。请参阅 https://thedailymile.co.uk。

重点阅读

学术方面

Schucan-Bird, K., Tripney, J and Newman, M. (2013), 'The educational impacts of young people's participation in organised sport: A systematic review', *Journal of Children's Services, 8,* (4), 264–275.

Trudeau, F. and Shephard, R. J (2008), 'Physical education, school physical activity, school sports and academic performance';, *International Journal of Behavioral Nutrition and Physical Activity, 5,* (1), 10.

实践方面

John, M. F. (2000), *Book of Simple Songs Circles: Wonderful songs and rhymes passed down from generation to generation.* Chicago: GIA Publications.

Mosley, J. (2009), *Jenny Mosley's Top 100 Playground Games to Enjoy SEAL Outside.* Hyde: LDA.

Rose, J. (2017), *Bloomsbury Curriculum Basics: Teaching Primary PE.* London: Bloomsbury Education.

Stidder, G. and Hayes, S. (2016), *The Really Useful Physical Education Book.* Abingdon: Routledge.

第21章
为艺术而艺术

学业成就	+2 个月	−1　0　+1　**+2**　+3　+4　+5　+6　+7　+8
学习效益	• 提高动力。 • 增强自信。 • 在以艺术为基础的科目上取得学习成果。	
意外发现	• 学习演奏乐器本身就是一项宝贵的技能,而且似乎也能提高受教育程度。	
教学技巧	• 将艺术活动与其他课程领域联系起来。 • 寻找可以提供帮助的专家。	
领导技巧	• 顶住缩小课程范围的压力。 • 在一些选定的领域发展专业知识。 • 借助艺术途径保障弱势学生的参与。	
涉及原则	• 马太效应 • 香蕉女郎原则	

是什么?

艺术参与是参与艺术和创意活动,例如跨各种媒体的舞蹈、戏剧、音乐、绘画、素描或雕塑活动(EEF,2018h)。其可以作为课程的一部分,也可以作为学校或家长组织的课外活动。艺术参与可以是每周或每月的定期活动，也可以是暑期学校或住宿课程等更密集的项目。

> "艺术为灵魂洗去生活之尘。"
> 巴勃罗·毕加索

这些活动本身具有重要的教育价值，它们应该被视为更广泛课程的一部分，而不仅仅是提高考试成绩的一种手段。广泛而平衡的课程不仅对于能够在学校教育中获得好成绩的儿童来说很重要，而且对于社会来说也很重要，因为我们需要让我们的孩子和年轻人为学校外的世界做好准备。

有用吗？

研究已经发现，以艺术为基础的方法带来了更广泛的重要影响，例如对学习的更积极态度以及更强的自信心和幸福感（Secker等，2007）。音乐尤其如此，学习演奏乐器与更好的教育程度有关。戏剧、美术和工艺技能以及数字艺术（如数码设计、摄影和电影制作）等其他活动也有类似的效果。

一些艺术活动与特定学术成果的改善有关。例如，有证据表明音乐与空间意识（Hallam，2015）、戏剧与写作（Lee，2015）之间都存在积极联系。合唱对幸福感和情绪恢复有积极影响（Gridley等，2011）。

总体而言，各种艺术参与对学术学习的影响是积极的，但影响不大。艺术干预本身具有教育价值，但平均而言，它们并不是提高其他学科学术成就的特别有效的方法。也就是说，已经发现艺术参与在英语、数学和科学方面为学习带来了改进的结果。在小学和中学学生身上都发现了类似的好处，平均而言，此方法对年幼学生的影响更大。在某些情况下，对处境不利的学生也有更大的影响。研究者还发现了学业成绩外的更广泛的好处，比如更积极的学习态度和更高的幸福感（Catterall，2012）。

参与和体验创造性的活动和以艺术为基础的活动应该是教育的一个重要特征。近年来，我们看到课程范围逐渐缩小，中学考试的艺术科目范围也在缩小。我们需要考虑我们希望为下一代培育什么样的社会生态。我们是希望为所有人提供一个狭窄的、实用性的学科范围，还是希望所有人在包括音乐、美术和戏剧在内的众多学科中获得支持和广泛的专业知识并取得成功？如果我们把重视英语和数学的价值增加给对艺术和音乐成就的价值重视，学校教育会是什么样子？

学习效益

一些艺术活动与特定学科和其他领域的进步有关。例如，有证据表明音乐与空间意识（Hallam，2015）以及戏剧与写作（Lee等，2015）之间存在积极联系。合唱对幸福感和情绪恢复有积极影响（Gridley et al.，2011）。

如何起作用？

与体育参与（见本书第115页）一样，艺术参与背后的主要机制似乎是增强信心和发展特定技能（如戏剧中的口语和听力或音乐和美术中的精细运动技能的发展）。对其他学科的影响机制（在心理学文献中称为"转移"）尚不清楚，尽管最近的研究表明，学习控制自己的注意力并专注于正在做的事情可能是一种重要的普遍能力（Greenwood和Parasuraman，2016)。

> "艺术的重要性有目共睹，不仅在社会上，而且在建立自尊方面。孩子们真的了解这一点：他们充满自信心和自豪感，并与生活中的人们分享艺术。"
>
> 艾格尼丝·冈德，一所学校的艺术工作室创始人

涉及原则

原则一:马太效应

"凡有的,还要加倍给他叫他多余",这句话尤其符合艺术参与的现状。身处优势环境的儿童和年轻人更有可能通过他们就读的学校或父母的帮助,在课后课程和俱乐部获得这些体验。因此,地处不佳环境的学校应努力为学生提供这些机会,这一点很重要。

原则二:香蕉女郎原则

如果你的目标是借助艺术提升学生其他学科的学业成就,那么你需要明确你的做法将如何发挥作用。证据表明,已有研究计划和项目获得了广泛的效应。那么你所选择的艺术干预与你想要改善的结果之间有什么联系呢?你将如何判断它是否成功?你是否正在尝试提高学生的动力、自尊水平和自我调节能力?要确定你的目标是什么,然后找到旨在实现目标的干预措施。此外,还需要定期评估进度以检查干预是否产生了预期的影响。

意外发现

学习演奏乐器本身就是一项宝贵的技能,此外其还具有更广泛的好处。许多研究表明学习演奏乐器(Benz等,2016)有直接和间接的好处,比如有助于阅读(Standley,2008)和推理(Forgeard等,2008)。我们很难确切地说出这些影响是如何产生的,可能是由于学习阅读乐谱,可能是由于演奏中培养的身体运动技能,也可能是由于更自信和更享受。

教学技巧

✓ 将艺术活动与其他课程领域联系起来。你可以不时安排展览、表演或演出，将其作为班级项目或学校项目，就一个主题或话题来庆祝相关的成就。

✓ 寻找可以提供帮助的专家。除非你有幸拥有非凡的天赋，否则你不太可能拥有艺术领域的全部技能。你需要思考如何通过志愿者、年长学生、当地俱乐部或大学生将专业知识带入你的课堂。不过，重要的是要充分参与，将其作为专业发展的机会。

领导技巧

✓ 顶住缩小课程范围的压力。对教育成就要形成远见，而不是仅仅关注英语和数学（尽管这些是必不可少的）。要思考可以通过课程获得什么，你希望通过课外活动将其扩展到哪些方面？

✓ 在一些选定的领域发展专业知识。不要试图涵盖所有内容。为学生确定一些可能取得成就的领域并鼓励他们在该领域持续追求发展。思考能否与其他组织建立联系或鼓励课外活动，让这些工作启动和运行可能需要一些努力，但是一旦顺利开始，后期的维护可能会更容易。

✓ 借助艺术途径保障弱势学生的参与。以艺术为基础的方法可能是让年龄较大的学生或弱势的学生重新参与学习的一条途径，其可以为他们提供获得成就的机会，也可能只是为他们提供一个建立人际关系的"中立区"。

重点阅读

学术方面

Hallam, S. (2015), *The Power of Music: A research synthesis of the impact of actively making music on the intellectual, social and personal development of children and young people.* London: International Music Education Research Centre (iMerc).

Lee, B. K., Patall, E. A., Cawthon, S. W. and Steingut, R. R. (2015), 'The effect of drama-based pedagogy on pre K–16 outcomes: A meta-analysis of research from 1985 to 2012', *Review of Educational Research, 85,* (1), 3–49.

OECD (2013), *Art for Art's Sake? The impact of arts education.* Paris: OECD.

实践方面

Atkinson, R. (2018), *Mastering Primary Music.* London: Bloomsbury Academic.

Daubney, A. (2017), *Teaching Primary Music.* London: Sage.

Farmer, D. and Hurtado, D. (2011), *Learning Through Drama in the Primary Years.* Self-published.

Gopaul, E. (2017), *Bloomsbury Curriculum Basics: Teaching Primary Art and Design.* London: Bloomsbury Education.

后记：一条终极原则

坎贝尔定律：改革测试以促进公平和重视证据

坎贝尔定律一词最早出现在 1979 年的一篇开创性研究论文中，其详细描述了评估社会变革试验项目的最佳方法（Campbell，1979）。唐纳德·坎贝尔（Donald T. Campbell）认为，用于衡量复杂事物的简单统计指标注定会变得不可靠，因为它会扭曲其要衡量的人的行为。更简单地说，任何被衡量和奖励的东西都会失去原本的样子（Muller，2018）。

"任何定量的社会指标，用于社会决策的次数越多，越容易受到腐败的侵蚀"，坎贝尔写道，"它越容易扭曲和破坏它旨在监控的社会进程"。坎贝尔补充说："当考试成绩成为教学过程的目标时，它既失去了作为教育状况指标的价值，也以不良的方式扭曲了教育。"

40 年过去了，坎贝尔定律在现代管理绩效指标时代仍以多种形式存在着。警察会将更少的事件记录为犯罪，以使他们的地区看起来越来越安全。外科医生害怕降低他们的医院成功率而选择退出棘手的手术。学者们痴迷于研究引用，而牺牲了对于现实世界的影响的重视（Wilsdon 等，2015）。坎贝尔定律与以经济学家查尔斯·古德哈特命名的古德哈特定律密切相关。古德哈特认为，当一项措施成为目标时，它就不再是一个好的措施（Strathern，1997）。

英国在推动使用度量标准方面处于世界领先地位（参见 Barber 等，2011），世界上没有比我们的学校系统更受度量标准的影响了。学校要对公布的大量有关他们孩子的成就和进步数据负责。如果学校被认为表现不佳，可能会招来学校督查员的造访，并有可能遭受特殊对待。其逻辑是，提高考试成绩的衡量标准，学校会更好地教学生，而那些不这样做的人将被曝光并受到惩罚。

但是，这座"大厦"是建立在英雄般的假设之上的，即简单的统计数据可以成为强大而可靠的学习衡量标准，学业成绩的标准与它们所基于的测试的效果一样好。实际上，考试只反映了课程的一部分，再加上社会对于学校能够解决所有社会问题的不切实际的期望，导致其成为了坎贝尔定律的完美滋生地。高风险的问责制使得学校的课程范围进一步窄化，扭曲了教师的教学内容，并削弱了人们对其所依赖的年终考试的信心。

疲弱的课程

为了准备英语、数学等排名榜上优先考虑的传统学科，我们付出了很多时间，甚至将音乐、艺术、语言和体育等非传统学科挤出了课程（Harford，2017）。孩子们的很多课程被拿掉了，目的是让他们更好地接受阅读和写作方面的干预来为考试做好准备。英格兰的许多学校会提前一年开始教授GCSE课程，以满足日益增长的考试需求——学生的课程范围缩小的时间越发提前了。许多学生在13岁之后就不再学习历史、地理或语言。在美国，这种趋势被称为"目标转移"（goal diversion）（Muller，2018）。这引发了指责，批评者认为我们正在以工厂流水线的方式培育孩子，缺乏雇主认为重要的技能——解决问题的能力、批判性思维和创造力（Teaching Times，2018）。正如我们已经说过的那样，这意味着学生错失了艺术和体育给生活带来的益处——简单的统计数据不容易捕捉到的益处。

跨学科的主题和生活技能也被忽视了。政客们则试图通过特殊课程将其重新融入课程生态，并通过学校检查这种生硬的办法进行监督。我们很少考虑考试这种方法的边际收益和机会成本，以及它们对课程造成的附带损害。

学科内容的窄化

各学科教授给学生的内容范围也有所缩小。教师专注于与考试有关的主题，而忽略了那些考试不涉及的主题。对不会在考试中出现的内容的讲授将被推迟到学年末，甚至可能完全被排除在课程之外。

问题在于，仅仅专注于考试和评分框架的做法所带来的好处只不过是可靠而已——一以贯之地对每年获得最佳分数的学生进行排名。但是，这样做并不一定是有效的，因为考试所涵盖的主题范围有限。测试的信度和效度是考试系统的两个明显特征，你可以通过下面这个体重秤的例子来了解两者的差异：如果你每次踩上体重秤时，体重秤都显示相同的重量，则体重秤是可靠的；但是，这并不意味着它所显示的重量是有效或准确的测量结果，它可能会一直误判你的体重，比如给出的数值比实际重或轻，只有当它显示的是你的真实体重时，测量结果才是有效的。

高利害考试系统建立在可靠但是却越来越无效的评估之上。这是因为高利害考试主要是在比较不断变化着的标准。其所带来的风险背后的原因是，评估过程似乎运作良好——一以贯之地获得考试成绩——但这样的做法所付出的代价却很难被注意到。分数线每年都在上升，并被视作标准提高的依据，但儿童接受的教育质量和丰富程度却可能会在下降。考试一直在过分强调获得知识和学习的重要性。

浅层学习：为考试而教

高利害考试也扭曲了教学方法本身——教师如何进行课堂实践。在考试中取得好成绩的无情压力使教学转向展示表现，而不是培养学生获得更广泛的知识、理解和能力。学生学的是练习回答考试问题并为考试做好准备，这样他们就可以在评估测试中选择正确答案并打勾，从而得到他们所能获得的所有分数。为考试而教是有代价的——这意味着思考意义、内容、创造力和知识广度的时间更少了。

坎贝尔定律的扭曲效应不仅分散了教师对真正改进学习方面的注意力，而且导致教师在追求提高考试成绩的过程中花费了大量的时间和资源。英格兰的学校督查机构发现，许多小学让孩子们反复练习阅读理解试题，而不是让孩子们广泛阅读书籍（Ofsted，2019）。为考试而教的浅层学习在英国学生中尤为严重（Vaughan，2015）。

作弊

在学校为确保获得最佳考试成绩而面临着越来越大的压力的情况下，少数人无法抗拒诱惑，选择了操控规则或完全放弃规则。而这一做法会导致双重的不公平，即在我们的零和评估制度中，一名学生通过不正当手段获得成绩提升就意味着其他地方的另一名无辜学生的成绩下降。

漏洞往往源于善意的举措。例如，被诊断患有阅读障碍和运动障碍的儿童会额外获得25%的考试时间。但BBC的研究发现，五分之一的私立学校学生在考试中获得了额外的时间——相比之下，公立学校只有八分之一的学生得到了额外的考试时间（Bateman，2017）。参加高利害的年终考试时多25%的时间是一个巨大的优势。考试监管机构现在想知道，学校是在应付考试系统还是在应对真正的学习困难。

另一种策略是淘汰学生——在GCSE考试前将表现不佳的学生排除在外，这样他们就不会损害学校的表现。英国教育标准局的一项调查发现，数以千计的学生被劝离学校，而且再也没有出现在任何地方的学校的登记表中（Bradbury，2018）。"这肯定能帮助到学校，因为最具破坏性、最难教的孩子很可能是那些进步慢、分数差的孩子，所以如果他们从学校离开，那么学校的成绩很可能会提高。"首席督察阿曼达·斯皮尔曼（Amanda Spielman）在接受《泰晤士报》采访时这样说（Sylvester和Thomson，2018）。

随着逐年提高成绩的压力越来越大，越来越多的学校完全越界了。越来越多的人因考试作弊而受到调查并被发现犯有"渎职罪"（Perraudin，2018）。教师被发现在考试中帮助学生——这种帮助被称为"不当帮助"或"过度帮助"。学生更有可能在强调考试和成绩的课程中作弊（Anderman，2018）。

在目前的整个系统中，作弊行为无处不在。在居于领先地位的公立学校的

128 教师被指控向学生传递有关即将举行的考试的信息后，政府发起了一项调查（Yorke，2017）。这一丑闻使当事者辞职，并引发了为教师撰写和审查试卷制定更严格的规定的呼吁。虽然这可能是少数情况，但此类情况每年都在增加。

强调公平和证据

坎贝尔定律的扭曲效应对于追求公平和证据来说是威胁。来自弱势家庭的学生面临着双重打击，目前的考试系统可以说非常鼓励学校选择生源——因为对学校成绩影响最大的唯一因素就是他们所招收学生的成绩。与贫困学生比例高的当地周边地区相比，排行榜上排名靠前的学校所招收的贫困学生比例要低得多（Sutton Trust，2005）。为融合社区服务的学校面临着残酷的压力，因而贫困学生可能会成为受害者——他们只能少学一些学科，还甚至有可能根本得不到上学的机会。

我们担心粗暴的高利害问责制只会进一步加大学业成绩的差距。在本书中，我们重点介绍了几种可以抵制这种趋势的方法，但它们并不是快速或简单的解决方法。社会流动性问题不是那么容易解决的，我们反复强调不要低估教师开展新循证实践[1]（evidence-informed practice）所需的时间和资源。如果你想抓住在课堂上获得最佳成果的全部机会，那么你就需要努力研究行之有效的方法。

来自高利害问责制的压力使得学校几乎没时间对课堂进行深入研究。虽然学校领导者可能认为研究和证据很重要，但他们被迫优先考虑更直接的问责制问题，并且担心给忙碌的教师增加额外负担（Coldwell 等，2017）。迫在眉睫的压力使得学校打消了承担风险、与其他学校合作以及长期实践反思的想法。

---

[1] 新循证实践（evidence-informed practice，EIP）源于循证实践（evidence-based practice, EBP），循证实践始于20世纪七八十年代的循证医学，其字面意义为"遵循证据进行实践"，实际上这两个术语内涵比较接近。——译者注

教师主导的评估

我们如何摆脱目前的教育系统所带来的这些意外后果？我们需要的并不是完全取消测试，而是重新平衡评估机制。

新循证教育系统要求将教师任命为专业评估员——接受评估培训，进而衡量学生更深层次的学习、更高水平的技能和系列化的知识。课堂测试本质上应该是形成性的，是对外部总结性测试的补充。正如约翰·哈蒂（John Hattie，2008）在他的《可视化学习》(*Visible Learning*)一书中所说的，"教师需要成为他们所选择方法的效果的评估者"。

我们的请求是由教师评估和评价他们自己所选择做的任何事情：设定清晰的目标，明确他们想要如何实现这些目标，并知道如何衡量成功。你期待取得什么进展？什么才是成功？这是对于我们在本书中汇编的所有最有可能带来好的结果的方法和建议的总结：在你的学校或你的教室里，什么对你的学生来说是有用的？

我们需要多元化的测试：一些是由教师发起的，作为他们教学和学生学习的一个组成部分，以衡量学生在课堂上的进步；一些是由研究人员进行的，用于追踪研究不同学校采用不同方法的实践结果；以及开展具有最广泛意义的标准化考试的其他机构。

理想情况下，这将是一个自下而上和自上而下的机制——指标将被用于帮助专业实践和评估儿童的进步。目前的考试往往是由教育系统施加给教师的，而不是由教师塑造的。课程和教学方法应该由教师制定，而不是由考试和教科书决定。我们所面临的挑战是，要在不增加测试总量的情况下完成所有这些工作。

如果非要做出选择，那么改进课堂实践的评估的有效性比可靠性更重要。我们宁愿有一个能显示我们真实体重的体重秤，也不愿有一个始终给人以减肥成功错觉的体重秤。这将有助于推动学校的实践转向学习本身而不是展示和表现。我们强调评估是为学习服务的而不是学习是为评估服务的，两者之间需要更好的平衡。可靠性更高的措施将被保留以用于研究试验，也可用于对于一段时间内的表现情况的全国性抽查。对于学校的考察要评估的是学校所开展的评估的质量和多样性，以及他们所提供的课程。如果要保留排行榜，我们需要将这些作为更平衡的评估制度的组成部分。

我们经常被问到，什么样的国家政策才能促进重视证据的教学，而坎贝尔定律也在这个问题上展现着自己的影响。至少一项分析显示，20 世纪 90 年代后期，英国新工党政府试图建立以证据为基础的政策，最终导致了损坏数据以保护其良好记录的行为的出现。政府对于既定政策进行研究并给出支持证据，这是"基于政策的证据"，而不是基于证据的政策（Boden 和 Epstein，2006）。

支持新循证教学的国家政策应该是为课堂研究创造条件，而不是自上而下地告诉教师该做什么。在政策层面，你需要对所推行的方法的效果的可靠性和有效性都十分有信心。否则，当你在改进那些水平较差的教师的实践时，你也可能会导致水平好的教师的效率的下降：这将是一种使得每个人都回归平均水平并且没有整体改进的政策。

我们需要采用专业的教学模式，结合有关特定目标的证据和特定班级的信息形成专业判断，从而确定可以在哪些方面做出改进。

广泛而平衡的课程不仅对于能够在学校教育中获得好成绩的儿童来说很重要，而且对于社会来说也很重要，因为我们需要让我们的孩子和年轻人为学校外的世界做好准备。我们希望为来自不同背景的孩子，提供一个能够提高阅读、写作和数学等能力的教育系统，同时不让他们为追求在高利害考试中获得成绩而付出代价，比如牺牲深度学习、取消课程表上的其他重要科目以及减少课堂上的新循证实践等。

参考文献

Anderman, E. M. (2018), 'Why students at prestigious high schools still cheat on exams', *The Conversation,* https:/theconversation.com/why-students-at-prestigious high-schools-still-cheat-on-exams-91041

Andrews, J. Robinson, D. and Hutchinson, J. (2017), 'Closing the gap? Trends in educational attainment and disadvantage'. London: Education Policy Institute. https://epi.org.uk/publications-and-research/closing-gap-trends-educational- attainment-disadvantage/

Aronson, E. and Bridgeman, D. (1979), 'Jigsaw groups and the desegregated classroom: In pursuit of common goals', *Personality and Social Psychology Bulletin,* 5, (4), 438–446.

Askew, M., Brown, M., Rhodes, V., William, D. and Johnson, D. (1997), Effective teachers of numeracy: Report of a study carried out for the Teacher Training Agency'. London: King's College, University of London.

Aslaksen, K and Loras, H. (2018), 'The modality-specific learning style hypothesis: A mini-review, *Frontiers in Psychology,* 9, 1538.

Bandura, A. (1982), "Self. efficacy mechanism in human agency, *American Psychologist,* 37. (2), 122–147.

Barber, M., Kihn, P. and Moffit, A (2011), "Deliverology: From idea to implementation'. London; Washington, DC: McKinsey & Company, www.mckinsey.com/"/media/mckinsey/dotcom/client_ serice/Public%20Sector/PDFS/McK%20on%20Govt/Change%20under%20pressure/TG_ MoG_ 6. Deliverology.ashx

Bateman, T. (2017), "Independent school students gain extra time for exams', BBC News, www.bbc.co.uk/news/education-38923034

Baye, A., Inns, A, Lake, C. and Slavin, R. E. (2019), A synthesis of quantitative research on reading programs for secondary students', *Reading Research Quarterly,* 54, (2), 133–166.

Benz, S., Sellaro, R., Hommel, B. and Colzato, L. S. (2016), 'Music makes the world go round: The impact of musical training on non-musical cognitive functions- A review, *Frontiers in Psychology,* 6, 2023.

Biesta, G. (2007), "Why "what works" won't work: Evidence-based practice and the democratic deficit in educational research', *Educational Theory,* 57, (1), 1–22.

Bjork, E. L and Bjork, R. A. (2011). 'Making things hard on yourself, but in a good way: Creating desirable difficulties to enhance learning', in M. A. Gersbacher, R.W. Pew and L. M. Hough (eds.), *Psychology and the Real World: Essays illustrating fundamental contributions to society.* New York, NY: Worth Publishers (pp.56–64). https:/bjorklab.psych.ucla.edu/pubs/EBjork_RBjork_ 2011.pdf

Black, P. and Wiliam, D. (1998), 'Assessment and classroom learning', *Assessment in Education: Principles, Policy and Practice,* 5, (1), 7–74

Black, P. and Wiliam, D. (2010), "Inside the black box: Raising standards through classroom assessment, *Phi Delta Kappan,* 92, (1), 81–90.

Black, P., Harrison, C..Hodgen, J, Marshall, B. and Serret, N. (2011). 'Can teachers' summative assessments produce dependable results and also enhance classroom learning?", *Assessment in Education: Principles, Policy and Practice,* 18, (4), 451–469.

Blake, W. (1793), *The Marriage of Heaven and Hell.*

Blatchford, P, Basstt, P., Brown, P., Martin, C, Russell, A. and Webster, R. (2009), 'Deployment and impact of support staff project'. London: Department for Children, Schools and Families. http://maximisingtas.co.uk/assets/content/dissressum.pdf

Blatchford, P., Russell, A, Bassett, P, Brown, P. and Martin, C. (2007), 'The role and effects of teaching assistants in English primary schools (Years 4 to 6) 2000–2003. Results from the Class Size and Pupil- Adult Ratios (CSPAR) KS2 Project, *British Educational Research Journal,* 33, (1), 5–26.

Block, J. (1971). *Mastery Learning: Theory and practice.* New York, NY: Holt, Rinehart & Winston.

Bloom, B. S. (1968), 'Learning for mastery', *Evaluation Comment,* 1, (2), 1–12.

Bloom, B. S. (1980), 'The new direction in educational research: Alterable variables', *The Phi Delta Kappan,* 61, (6), 382–385.

Bloom, B. S. (1984), 'The 2 sigma problem: The search for methods of group instruction as effective as one-to-one tutoring', *Educational Researcher,* 13, (6), 4–16.

Boden, A, Archwamety, T. and McFarland, M. (2000), 'Programmed instruction in secondary education: A meta-analysis of the impact of class size on its effectiveness, paper presented at the Annual Meeting of the National Association of School Psychologists (New Orleans, LA, March 28 - April 1, 2000).

Boden, R. and Epstein, D. (2006), "Managing the research imagination? Globalization and research in higher education', *Globalization, Societies and Education,* 4, (2), 223–236.

BPS Research Digest (2018), 'An extra reason to abandon learning styles- teachers and pupils do not agree on the pupils' preferred learning style', https://digest.bps.org.uk/2018/12/12/an-additional-reason-to-abandon-learning-stylesteachers- and-pupils-do-not agree-on-the-pupils -preferredlearning-style/

Bradbury, J. (2018), Off-rolling: using data to see a fuller picture', Ofsted Blog, https//educationinspection. blog.gov.uk/2018/06/26/f-rolling-using-data-to-see-a-fuller-picture/

Bradbury B..Corak, M., Waldfogel, J. and Washbrook, E. (2015), *Too Many Children Left Behind: The U.S. achievement gap in comparative perspective.* New York, NY: Russell Sage Foundation.

Brown, M. Askew, M., Rhodes, V.. Denvir, H., Ranson, E. and Wiliam, D. (2001), 'Magic bullets or chimeras? Searching for factors characterizing effective teachers and effective teaching in numeracy', BERA Annual Conference, Leeds, www.ncetm.org.uk/public/files/29311/Brown%25253DAskew_ BERA01_ .chimeras.pdf

Brown, V., Crawford, C, Dearden, L, Greaves, E., Kitchen, S., Payne, C., Purdon, S. and Tanner, E. (2012), 'Evaluation of the free school meals pilot: Impact report'. London: Department for Education.

Buchs, C., Filippou, D..Pulfrey, C. and Volpe, Y. (2017), 'Challenges for cooperative learning implementation: Reports from elementary school teachers', *Journal of Education for Teaching,* 43, (3), 296–306.

Burnim, K. O. (2012), 'The importance of phonics in early childhood education', ABC Mouse, www.abcmouse.com/newsletter/phonicsCabinet Office (2013), "What Works Network', www.gov.uk/guidance/what-works-network

Campbell, D. T. (1979), 'Assessing the impact of planned social change', *Evaluation and Program Planning*, 2, (1), 67–90.

Canadian Council on Learning (2009). 'Homework helps, but not always', https://eric.ed.gov/?id=ED519297

Capar, G. and Tarim, K. (2015), 'Efficacy of the cooperative learning method on mathematics achievement and attitude: A meta-analysis research', *Educational Sciences: Theory and Practice,* 15, (2), 553–559.

Carden, J and Cline, T. (2015), 'Problem solving in mathematics: The significance of visualization and related working memory, *Educational Psychology in Practice,* 31, (3), 235–246.

Catterall, J. S. (2012), 'The arts and achievement in at-risk youth: Findings from four longitudinal studies. Research report # 55'. Washington, DC: National Endowment for the Arts.

Cobley, S, Abraham, C. and Baker, J. (2008), "Relative age effects on physical education attainment and school sport representation', *Physical Education and Sport Pedagogy,* 13, (3), 267–276.

Cockburm, l, Fisher, A, Mansell, E..Thind, A. and Pillips, T. (2015), "Funding for disadvantaged pupils'. London: National Audit Office. www.nao.org.uk/wp-content/uploads/2015/06/Survey-evidence-from-pupils-parents-and-school-leaders.pdf

Coe, R. (2014), 'Classroom observation: it's harder than you think, www.cem.org/blog/414/

Coe, R., Aloisi, C, Higgins, S. and Major, L. E. (2014), "What makes great teaching?" London: Sutton Trust. www.suttontrust.com/wp-content/uploads/2014/10/What-Makes-Great-Teaching-REPORT.pdf

Cohen, P. A, Kulik, J. A. and Kulik, C. C. (1982), "Education outcomes of tutoring: Ameta-analysis of findings', *American Educational Research Journal*, 19, 237–248.

Coldwell, M., Greany, T., Higgins, s, Brown, C., Maxwell, B..Stiell, B., Soll, L, Willis, B. and Burns, H. (2017), "Evidence-informed teaching: An evaluation of progress in England'. London: Department for Education. www.gov.uk/government/publications/evidence-informed-teaching-evaluation-of-progress-in-england

Connor, C. M_, Morrison, F. J, Fishman, B., Crowe, E. C, Al Otaiba, S. and Schatschneider, C. (2013), 'A longitudinal cluster-randomized controlled study on the accumulating effects of individualized literacy instruction on students' reading from first through third grade', *Psychological Science*, 24, (8), 1408–1419.

Cooper, H, Robinson, J. C. and Patall, E. A. (2006), 'Does homework improve academic achievement? A synthesis of research, 1987–2003*, *Review of Educational Research,* 76, (1), 1–62.

Coyne, M. D, Zipoli Jr, R. P., Chard, D. J, Faggella-Luby, M., Ruby, M. Santoro, L. E., and Baker, S. (2009), "Direct instruction of comprehension: Instructional examples from intervention research on listening and reading comprehension', *Reading and Writing Quarterly*, 25, (2–3), 221–245.

Crawford, C, Dearden, L. and Greaves, E. (2013), "When you are born matters: Evidence for England', IFS Reports (No. R80). London: Institute for Fiscal Studies.

Cuban, L (1993). 'Computers meet classroom: Classroom wins', *Teachers College Record*, 95, (2), 185–210.

D'Agostino, J. V. and Harney, S. J. (2016), An international meta-analysis of Reading Recovery', *Journal of Education for Students Placed at Risk* (JESPAR), 21, (1), 29–46.

de Greeff, J. W., Bosker, R. J, Oosterbaan, J, Visscher, C. and Hartman, E. (2018), 'Effects of physical activity on executive functions, attention and academic performance in preadolescent children: A meta-analysis', *Journal of Science and Medicine in Sport*, 21, (5), 501–507.

Department for Education (2010a), 'Government announces pupil premium to raise achievement', www.gov.uk/government/news/government-announces-pupil-premium-to-raise-achievement

Department for Education (2010b), "New endowment fund to turn around weakest schools and raise standards for disadvantaged pupils', www.gov.uk/government/news/new-endowment-fund- to-turn-around-weakest-schools-and-raise-standards-for-disadvantaged-pupils

Dewald, J. F.. Meijer, A. M. Oort, F. J., Kerkhof, G. A. and Bagels, S. M. (2010), "The influence of sleep quality, sleep duration and sleepiness on school performance in children and adolescents: A meta- analytic review', *Sleep Medicine Reviews*, 14, (3), 179–189.

Dewey, J. (1916), *Democracy and Education: An introduction to the philosophy of education.* New York, NY: Macmillan.

Dunlosky, J, Rawson, K. A, Marsh, E. J, Nathan, M. J, Willingham, D. T. (2013), 'Improving students' learning with effective learning techniques: Promising directions from cognitive and educational psychology', *Psychological Science in the Public Interest*, 14, (3), 4–58, www.indiana.edu/pclrgoldsto/courses/dunloskyimprovinglearning.pdf

Dweck, C. S. (1999), 'Caution - praise can be dangerous', American Educotor, www.aft.org/sites/default/files/periodicals/PraiseSpring99.pdf

Dweck, C. (2016), "What having a "growth mindset" actually means', *Harvard Business Review*, 13.

Dweck, C. S. (2017), *Mindset: Changing the way you think to fill your potential*(revised edn.). New York, NY: Random House.

Easton, M. (2014), 'Learning the facts about learning', BBC News, www.bbc.co.uk/news/uk-30210514?SThisFB

Edison, T. (1913), Interview for *The New York Dramatic Mirror*, July.

EEF (2015), 'Mastery learning: Technical appendix', Sutton Trust-EEF Teaching and Learning Toolkit, hts/ducationendowmentfoundation.org.uk/evidence-summaries/teaching-learning-toolkit/mastery-learning/technical-appendix

EEF (2016), "Evidence on marking', https://educationendowmentfoundation.org.uk/evidence-summaries/on-marking/

EEF (2017a), 'Peer tutoring in secondary schools', https://educationendowmentfoundation.org.uk/projects and-evaluation/projects/peer-tutoring-in-secondary-schools/

EEF (2017b), 'Feedback and monitoring pupil progress', https://educationendowmentfoundation.org.uk/school- themes/feedback-monitoring-pupil-progress/

EEF (2017c), 'Physically Active Lessons', https//educationendowmentfoundation.org.uk/projects-and-evaluation/projects/physically-active-lessons/

EEF (2018a), 'Social and emotional learning', Sutton Trust-EEF Teaching and Learning Toolkit, https://educationendowmentfoundation.org.uk/evidence-summaries/teaching-learning-toolkit/social-and-emotional-learning/

EEF (2018b), 'Tutor Trust: Affordable primary tuition: Evaluation report and executive summary', https://educationendowmentfoundation.org.uk/public/files/Projects/Evaluation_Reports/Tutor_ _Trust.pdf

EEF (2018c), 'One to one tuition', Sutton Trust EEF Teaching and Learning Toolkit, https://educationendowmentfoundation.org.uk/evidence-summaries/teaching-learning-toolkitone-to-one-tuition/

EEF (2018d), 'Homework (primary', Sutton Trust-EEF Teaching and Learning Toolkit, https://educationendowmentfoundation.org.uk/pdf/generate/?u=https://educationendowmentfoundation.org.uk/pdftoolkit/?id=132&t=Teaching%20and%20Learning%20Toolkit&e=132&s=

EEF (2018e), "Magic Breakfast, https://ducationendowmentfoundation.org.uk/projects-and-evaluation/projects/magic-breakfast/

EEF (2018f), "Individualized instruction', Sutton Trust EEF Teaching and Learning Toolkit, https://educationendowmentfoundation.org.uk/evidence-summaries/teaching-learning-toolkitindividualised- instruction/

EEF (2018g), 'Collaborative learning', Sutton Trust-EEF Teaching and Learning Toolkit, https://educationendowmentfoundation.org.uk/evidence-summaries/teaching-learning-toolkitcollaborative-learning/

EEF (2018h), 'Arts participation', Sutton Trust-EEF Teaching and Learning Toolkit, https://educationendowmentfoundation.org.uk/evidence-summaries/teaching-learning-toolkit/arts-participation/

EEF (2018i), 'Sutton Trust-EEF Teaching and Learning Toolkit and EEF Early Years Toolkit: Technical appendix and process manual'. London: EEF. https://educationendowmentfoundation.org.uk/public/files/Toolkit/Toolkit_ Manual_.2018. pdf

EEF (2019a), "Promising projects', https://educationendowmentfoundation.org.uk/ tools/promising/

EEF (2019b), 'Teensleep', https://educationendowmentfoundation.org.uk/projects-and-evaluation/projects/teensleep/

EEF (2019c), 'Glasses in Classes', hts://educationendowmentfoundation.org.uk/projects-and-evaluation/projects/glasses-in-classes/

EEF(2019d), 'Healthy Minds', https://educationendowmentfoundation.org.uk/projects-and-evaluation/projects/developing-healthy-minds-in-teenagers/

Farrow, S., Tymms, P. and Henderson, B. (1999), 'Homework and attainment in primary schools', *British Educational Research Journal, 25,* (3), 323–341.

Forgeard, M., Winner, E, Norton, A. and Schlaug, G. (2008), "Practicing a musical instrument in childhood is associated with enhanced verbal ability and nonverbal reasoning', *PloS One, 3,* (10), e3566.

Gamoran, A. (1992), 'Synthesis of research: Is ability grouping equitable?', *Educational Leadership, 50,* (2), 11–17, www.indiana.edu/pcl/rgoldsto/courses/dunloskyimprovinglearning.pdf

Geake, J. (2008), "Neuromythologies in education', *Educational Research, 50,* (2), 123–133.

Gielen, S., Tops, L., Dochy, F., Onghena, P. and Smeets, S. (2010), A comparative study of peer and teacher feedback and of various peer feedback forms in a secondary school writing curriculum', *British Educational Research Journal, 36*, (1), 143–162.

Gillies, R. M. (2016), 'Cooperative learning: Review of research and practice', *Australian Journal of Teacher Education, 41,* (3), 3.

Gladwell, M. (2009), *Outliers: The story of success.* London: Penguin.

Gladwell, M. (2014), *David and Goliath.* London: Penguin.

Gorard, S., See, B. H. and Davies, P. (2012), The impact of attitudes and aspirations on educational attainment and participation'. York: Joseph Rowntree Foundation. wwwjrf.org.uk/sites/defaul/files/jrf/migrated/files/education-young-people-parents-full.pdf

Greenwood, P. M. and Parasuraman, R. (2016), 'The mechanisms of far transfer from cognitive training: Review and hypothesis, *Neuropsychology, 30,* (6), 742.

Grldley, H., Astbury, J, Sharples, J. and Agurre, C. (2011), 'Benefits of group singing for community mental health and wellbeing'. Carlton: Victorian Health Promotion Foundation.

Guskey, T. R. and Jung, L. A. (2011), 'Response-to-intervention and mastery learning: Tracing roots and seeking common ground', *The Clearing House: A Journal of Educational Strategies, Issues and Ideas, 84,* (6), 249–255.

Guskey, T. R. and Pigott, T. D. (1988), 'Research on group-based mastery learning programs: A meta-analysis', *The Journal of Educational Research, 81,* (4), 197–216.

Gutman, L. M. and Schoon, I. (2013a), 'Essential life skills'. London: EEF. https://educationendowmentfoundation.org.uk/evidence-summaries/evidence-reviews/essential-life-skills/

Gutman, L. M. and Schoon, I. (2013b), 'The impact of non-cognitive skills on outcomes for young people. A literature review.' London: EEF/Cabinet Office.

Hallam, S. (2015), *The Power of Music: A research synthesis of the impact of actively making music on the intellectual, social and personal development of children and young people.* London: International Music Education Research Centre.

Hanushek, E. A. and Rivkin, S. G. (2010). 'Generalizations about using value-added measures of teacher quality', *American Economic Review, 100,* 267–271.

Harford, S. (2017), 'Ofsted's findings about the school curriculum', Ofsted Blog, https://educationinspection.blog.gov.uk/2017/10/11/ofsteds-findings-about-the-school-curriculum/

Hargreaves, E. (2011), 'Teachers' feedback to pupils: "Like so many bottles thrown out to sea?", in: R. Berry and B. Adamson (eds.), *Assessment Reform in Education.* Dordrecht: Springer, pp.121–133.

Harlen, W. and Deakin Crick, R. (2002), 'A systematic review of the impact of summative assessment and tests on students' motivation for learning', Research Evidence in Education Library, Issue 1. London: EPPI-Centre, Social Science Research Unit, Institute of Education.

Hattie, J. (2008), *Visible Learning: A synthesis of over 800 meta-analyses relating to achievement.* Abingdon: Routledge.

Hattie, J. and Timperley, H. (2007), "The power of feedback, *Review of Educational Research, 77,* (1), 81–112.

Helsen, W. F, Baker, J, Schorer, J, Van Winckel, J. and Williams, M. A. (2013), "The relative age effect in European Professional Soccer: Is there any difference after ten years of research?', *Journal of Exercise, Movement, and Sport, 45*, (1).

Herold, B. (2017), 'The case(s) against personalized learning', *Education Week,* http://stimulino/sites/default/files/u19/Personalized_ Learning.pdf

Higgins, S. (2018), *Improving Learning: Meta-analysis of intervention research in education.* Cambridge: Cambridge University Press.

Higgins, S. and Hall, E. (2004), 'Picking the strawberries out of the jam: Thinking critically about systematic reviews and meta-analysis', *British Research Association Conference.* September 2004 Manchester Metropolitan University.

Higgins, S., Kokotsaki, D. and Coe, R. (2011), Toolkit of strategies to improve learning: Summary for schools spending the Pupil Premium'. London: Sutton Trust. www.cem.org/attachments/1toolkit-summary-final-r-2-.pdf

Higgins, S., Xiao, Z. and Katsipataki, M. (2012), The impact of digital technology on learning: A summary for the Education Endowment Foundation'. London: EEF https://educationendowmentfoundation.org.uk/evidence-summaries/evidence-reviews/digital-technology/

Hill, H. C., Rowan, B., and Ball, D. L. (2005), 'Effects of teachers' mathematical knowledge for teaching on student achievement', *American Educational Research Journal, 42,* (2), 371–406.

Hollingsworth, J. R. and Ybarra, S. E. (2017), *Explicit Direct Instruction (EDI): The power of the well-crafted, well-taught lesson.* Thousand Oaks, CA: Corwin Teaching Essential.

Horak. V. M. (1981). 'A meta-analysis of research findings on individualized instruction in mathematics', *Journal of Educational Research, 74*, (4), 249–253.

Howard-Jones, P. A. (2014), 'Neuroscience and education: myths and messages' *Nature Reviews Neuroscience, 15,* 817–824.

Independent Teacher Workload Review Group (2016), Eliminating unnecessary workload around marking', https://assets.publishing.service.gov.uk/government/uploads/system/uploads/attachment_data/file/511256/Eliminating-unnecessary-workload-around-marking.pdf

Jackson, J. (2011), 'FA plans change for young talent to overcome the relative age effect', Guardian, www.theguardian.com/football/2011/jun/19/fa-plans-age-group-football

Jerrim, J., Austerberry, H., Crisan, C., Ingold, A., Morgan, C., Pratt, D., Smith, C. and

Wiggins, M. (2015), Mathematics mastery: Secondary evaluation report. London: EEF. https://educationendowmentfoundation.org.uk/public/files/Projects/Evaluation_Reports/EEF_Project_Report_Mathematics_Mastery_Secondary

Kingston, N. and Nash, B. (2011), 'Formative assessment: A meta-analysis and a call for research', *Educational Measurement: Issues and Practice, 30,* (4), 28–37.

Kirby, P. (2016), 'Shadow schooling: Private tuition and social mobility in the UK'. London: Sutton Trust. www.suttontrust.com/wp-content/uploads/2016/09/Shadow-Schooling-formatted-report_FINAL.pdf

Kirschner, P. A., Sweller, J. and Clark, R. E. (2006), Why minimal guidance during instruction does not work: An analysis of the failure of constructivist, discovery, problem-based, experiential, and inquiry-based teaching', *Educational psycholog*ist, 41, (2), 75–86, www.cogtech.usc.edu/publications/kirschnerSweller_Clark.pdf

Klein, P. D. (2003), Rethinking the multiplicity of cognitive resources and curricular representations: Alternatives to "learning styles" and "multiple intelligences" *Journal of Curriculum Studies, 35,* (1), 45–81.

Kvriakides, L., Creemers, B. P. and Charalambous, E. (2018), 'Searching for differential teacher and school effectiveness in terms of student socioeconomic status and gender: Implications for promoting equity, School Effectiveness and School Improvement, 30, (3), 286–302.

Lee, B. K., Patall, E. A., Cawthon, S. W. and Steingut, R. R. (2015), The effect of drama-based pedagogy on pre K-16 outcomes: A meta-analysis of research from 1985 to 2012, *Review of Educational Research, 85,* (1), 3–49.

Leung, K. C. (2018), 'An updated meta-analysis on the effect of peer tutoring on tutors' achievement', *School Psychology International, 40,* (2), 200–214.

Littleton, K. and Mercer, N. (2013), Interthinking: Putting talk to work. Abingdon: Routledge.

Lloyd, C., Edovald, T., Kiss, Z., Skipp, A., Morris, S. and Ahmed, H. (2015a), 'Paired reading: Evaluation report and executive summary. London: EEF.

Lloyd, C., Edovald, T., Kiss, Z., Skipp, A., Morris, S. and Ahmed, H. (2015b), Durham Shared Maths Project: Evaluation report and executive summary'. London: EEF.

Lortie-Forgues, H. and Inglis, M. (2019), 'Most rigorous large-scale educational RCTs are uninformative: Should we be concerned?', *Educational Researcher, i*n press.

Ma, X., Zhou, Z., Yi, H., Pang, X., Shi, Y., Chen, Q., Meltzer, M. E., le Cessie, S., He,

M., Rozelle, S. et al. (2014), 'Effect of providing free glasses on children's educational outcomes in China: Cluster randomized controlled trial', British Medical Journal, 349:g5740.

Major, L. E. (2012), What really improves children's learning?', Guardian, www.theguardian.com/teacher-network/2012/feb/02/children-learning-sutton-trust-feedback

Major, L. E. and Machin, S. (2018), *Social Mobility and Its Enemies.* London: Pelican Books.

McKee, G., Sims, K. R. and Rivkin, S. G. (2015), Disruption, learning, and the heterogeneous benefits of smaller classes', *Empirical Economics, 48,* (3), 1267–1286.

Meissel, K., Parr, J. M. and Timperley, H. S. (2016), 'Can professional development of teachers reduce disparity in student achievement?' T*eaching and Teacher Education, 58,* 163–173.

Mercer, N. (2002), *Words and Minds: How we use language to think together.* Abingdon: Routledge.

Moats, L. C. (1998), Teaching decoding', *American Educator, 22,* (1), 42–49.

Montessori, M. (1939), *The Erdkinder and the Functions of the University.* Amsterdam: Association Montessori Internationale.

Mowry, T. (2007), Interview for Seventeen, 19 November, www.seventeen.com/celebrity/interviews/a1164/tia-wiw17-1207/

Muller, J. Z. (2018), *The Tranny of Metrics. Princeton,* NJ: Princeton University Press.

Murphy, R., Weinhardt, F., Wyness, G. and Rolfe, H. (2017), Lesson Study: Evaluation report and executive summary'. London: EEF. https://educationendowmentfoundation.org.uk/public/files/Projects/Evaluation_Reports/Lesson_Study.pdf

Murphy, P. K., Wilkinson, I. A., Soter, A. O., Hennessey, M. N. and Alexander, J. F. (2009), Examining the effects of classroom discussion on students' comprehension of text: A meta-analysis', *Journal of Educational Psychology, 101,* (3), 740.

Murtagh, L. (2014), 'The motivational paradox of feedback: Teacher and student perceptions', Curriculum Journal, 25, (4), 516–541.

Musch, J. and Hay, R. (1999), 'The relative age effect in soccer: Cross-cultural evidence for a systematic discrimination against children born late in the competition year, *Sociology of Sport Journal, 16,* (1), 54–64.

Musk, E. (2012), Interviewed by Lance Ulanoff for Mashable, 13 April, https://mashable.com/2012/04/13/elon-musk-secrets-of-effectiveness/?europe=true

NHS (2018), 'Physical activity guidelines for children and young people', www.nhs.uk/live-well/exercise/physical-activity-guidelines-children-and-young-people/

Nilson, L. B. (2013), *Creating Self-Regulated Learners: Strategies to strengthen students' self-awareness and learning skills.* Sterling, VA: Stylus Publishing.

Nuthall, G. (2007), *The Hidden Lives of Learners.* Wellington: NZCER Press.

Nye, B., Hedges, L. V. and Konstantopoulos, S. (2002), 'Do low-achieving students benefit more from small classes? Evidence from the Tennessee class size experiment', *Educational Evaluation and Policy Analysis, 24,* (3), 201–217.

Ofsted (2009), 'An evaluation of National Strategy intervention programmes', https://dera.ioe.ac.uk/326/1/An%20evaluation%20of%20National%20Strategy%20intervention%20programmes.pdf

Ofsted (2019), 'Ofsted launches a consultation on proposals for changes to the education inspection framework', www.gov.uk/government/news/ofsted-launches-a-consultation-on-proposals-for-changes-to-the-education-inspection-framework

Pashler, H., McDaniel, M., Rohrer, D. and Bjork, R. (2008), Learning styles: Concepts and evidence', *Psychological Science in the Public Interest, 9,* (3), 105–119.

Perraudin, F. (2018), 'Thousands of teachers caught cheating to improve exam results', Guardian, www.theguardian.com/education/2018/feb/11/thousands-of-teachers-caught-cheating-to-boost-exam-results

Montessori, M. (1939), *The Erdkinder and the Functions of the University.* Amsterdam: Association Montessori Internationale.

Mowry, T. (2007), Interview for Seventeen, 19 November, www.seventeen.com/celebrity/interviews/a1164/tia-wiw17-1207/

Muller, J. Z. (2018), *The Tranny of Metrics.* Princeton, NJ: Princeton University Press.

Murphy, R., Weinhardt, F., Wyness, G. and Rolfe, H. (2017), Lesson Study: Evaluation report and executive summary'. London: EEF. https://educationendowmentfoundation.org.uk/public/files/Projects/Evaluation_Reports/Lesson_Study.pdf

Murphy, P. K., Wilkinson, I. A., Soter, A. O., Hennessey, M. N. and Alexander, J. F. (2009), Examining the effects of classroom discussion on students' comprehension of text: A meta-analysis', *Journal of Educational Psychology, 101,* (3), 740.

Murtagh, L. (2014), 'The motivational paradox of feedback: Teacher and student perceptions', *Curriculum Journal, 25,* (4), 516–541.

Musch, J. and Hay, R. (1999), 'The relative age effect in soccer: Cross-cultural evidence for a systematic discrimination against children born late in the competition year, *Sociology of Sport Journal, 16*, (1), 54–64.

Musk, E. (2012), Interviewed by Lance Ulanoff for Mashable, 13 April, https://mashable.com/2012/04/13/elon-musk-secrets-of-effectiveness/?europe=true

NHS (2018), 'Physical activity guidelines for children and young people', www.nhs.uk/live-well/exercise/physical-activity-guidelines-children-and-young-people/

Nilson, L. B. (2013), *Creating Self-Regulated Learners: Strategies to strengthen students' self-awareness and learning skills.* Sterling, VA: Stylus Publishing.

Nuthall, G. (2007), *The Hidden Lives of Learners*. Wellington: NZCER Press.

Nye, B., Hedges, L. V. and Konstantopoulos, S. (2002), 'Do low-achieving students benefit more from small classes? Evidence from the Tennessee class size experiment', Educational Evaluation and Policy Analysis, 24, (3), 201–217.

Ofsted (2009), 'An evaluation of National Strategy intervention programmes', https://dera.ioe.ac.uk/326/1/An%20evaluation%20of%20National%20Strategy%20intervention%20programmes.pdf

Ofsted (2019), 'Ofsted launches a consultation on proposals for changes to the education inspection framework', www.gov.uk/government/news/ofsted-launches-a-consultation-on-proposals-for-changes-to-the-education-inspection-framework

Pashler, H., McDaniel, M., Rohrer, D. and Bjork, R. (2008), Learning styles: Concepts and evidence', *Psychological Science in the Public Interest*, 9, (3), 105–119.

Perraudin, F. (2018), 'Thousands of teachers caught cheating to improve exam results', Guardian, www.theguardian.com/education/2018/feb/11/thousands-of-teachers-caught-cheating-to-boost-exam-results

public Health England (2014), The link between pupil health and wellbeing and attainment, https/lassets.publishing.service.gov.uk/government/uploads/system/uploads/attachment-_data/file/370686/HT-_briefing_layoutvFINALvi.pd?

Puzio, K. and Colby, G. T. (2013), 'Cooperative learning and literacy: A meta-analytic review, *Journal of Research on Educational Effectiveness: 6.* (4). 339–360

Piener, C. R. and Willingham, D. T. (2010), The myth of learning styles. *Change: The Magazine of Higher Learning, 42,* (5), 32–35.

Romero, C. C. (2009), 'Cooperative learning instruction and science achievement for secondary and early post-secondary students: A systematic review, PhD thesis, Colorado State University, ProQuest Dissertations Publishing: 3374617

Rowling, J. K. (1998), *Harry Potter and the Chamber of Secrets.* London: Bloomsbury.

Rov, P., Styles, B., Walker, M., Morrison, J., Nelson, J. and Kettlewell. K. (2018), 'Best practice in grouping students: Intervention A: Best practice in setting: Evaluation report and executive summary'. London: EEF. https://educationendowmentfoundation.org.uk/public/files/Projects/Evaluation_Reports/Intervention_A_-_Best_Practice_in_Setting.pdf

Rubie-Davies, C. M., Blatchford, P., Webster, R., Koutsoubou, M. and Bassett, P. (2010), 'Enhancing learning? A comparison of teacher and teaching assistant interactions with pupils', *School Effectiveness and School Improvement, 21,* (4), 429–449.

Samuels, S. J. (2007), 'The DIBELS tests: Is speed of barking at print what we mean by reading fluency?', Reading Research Quarterly, 42, (4), 563–566.

Schucan-Bird, K., Tripney, J. and Newman, M. (2013), 'The educational impacts of young people's participation in organised sport: A systematic review', *Journal of Children's Services, 8,* (4), 264–275.

Secker, J., Spandler, H., Hacking, S., Kent, L. and Shenton, J. (2007), 'Art for mental health's sake', *Mental Health Today,* Jul-Aug, 34–36.

Sharples, J., Webster, R. and Blatchford, P. (2018), 'Making best use of teaching assistants: Guidance report'. London: EEF. https: //educationendowmentfoundation.org.uk/tools/guidance-reports/making-best-use-of-teaching-assistants

Shulman, L. (2004), *The Wisdom of Practice: Essays on teaching, learning and learning to teach. San Francisco,* CA: Jossey-Bass.

Sibieta, L., Kotecha, M. and Skipp, A. (2016), *Nuffield Early Language Intervention: Evaluation report and executive summary.* London: Education Endowment Foundation.

Simpson, A. (2017), The misdirection of public policy: Comparing and combining standardised effect', *Journal of Education Policy, 32,* (4), 450–466.

Singh, A., Uijtdewilligen, L., Twisk, J. W., Van Mechelen, W. and Chinapaw, M. J. (2012), Physical activity and performance at school: A systematic review of the public Health England (2014), The link between pupil health and wellbeing and attainment, https/lassets.publishing.service.gov.uk/government/uploads/system/uploads/attachment-_data/file/370686/HT-_briefing_layoutvFINALvi.pdf

Puzio, K. and Colby, G. T. (2013), 'Cooperative learning and literacy: A meta-analytic review, Journal of Research on Educational Effectiveness; 6. (4).339–360.

Piener, C. R. and Willingham, D. T. (2010), The myth of learning styles. Change: The Magazine of Higher Learning, 42, (5), 32–35.

Romero, C. C. (2009), 'Cooperative learning instruction and science achievement for secondary and early post-secondary students: A systematic review, PhD thesis, Colorado State University, ProQuest Dissertations Publishing: 3374617

Rowling, J. K. (1998), Harry Potter and the Chamber of Secrets. London: Bloomsbury.

Roy, P., Styles, B., Walker, M., Morrison, J., Nelson, J. and Kettlewell. K. (2018), 'Best practice in grouping students: Intervention A: Best practice in setting: Evaluation report and executive summary'. London: EEF. https://educationendowmentfoundation.org.uk/public/files/Projects/Evaluation_Reports/Intervention_A_-_Best_Practice_in_Setting.pdf

Rubie-Davies, C. M., Blatchford, P., Webster, R., Koutsoubou, M. and Bassett, P. (2010), 'Enhancing learning? A comparison of teacher and teaching assistant interactions with pupils', School Effectiveness and School Improvement, 21, (4), 429–449.

Samuels, S. J. (2007), 'The DIBELS tests: Is speed of barking at print what we mean by reading fluency?', *Reading Research Quarterly, 42*, (4), 563–566.

Schucan-Bird, K., Tripney, J. and Newman, M. (2013), 'The educational impacts of young people's participation in organised sport: A systematic review', *Journal of Children's Services, 8, (*4), 264–275.

Secker, J., Spandler, H., Hacking, S., Kent, L. and Shenton, J. (2007), 'Art for mental health's sake', *Mental Health Today,* Jul-Aug, 34–36.

Sharples, J., Webster, R. and Blatchford, P. (2018), 'Making best use of teaching assistants: Guidance report'. London: EEF. https://educationendowmentfoundation.org.uk/tools/guidance-reports/making-best-use-of-teaching-assistants

Shulman, L. (2004), *The Wisdom of Practice: Essays on teaching, learning and learning to teach.* San Francisco, CA: Jossey-Bass.

Sibieta, L., Kotecha, M. and Skipp, A. (2016), *Nuffield Early Language Intervention: Evaluation report and executive summary.* London: Education Endowment Foundation.

Simpson, A. (2017), The misdirection of public policy: Comparing and combining standardised effect', *Journal of Education Policy, 32,* (4), 450–466.

Singh, A., Uijtdewilligen, L., Twisk, J. W., Van Mechelen, W. and Chinapaw, M. J. (2012), Physical activity and performance at school: A systematic review of the cambridgeassessment.org.uk/images/109784-birthdate-effects-a-review-of-the-literature-from-1990-on.pdf

Sylvester, R. and Thomson, A. (2018), 'Schools excluding difficult pupils to keep grades up', The Times, www.thetimes.co.uk/article/schools-exclude-troublesome-pupils-to-keepgrades-up-r3sqw9Wxv

Teaching Times (2018), 'GCSE Curriculum Narrowing Under EBacc', www.teachingtimes.com/news/gcsecurriculum.htm

Thurston, A. and Cockerill, M. (2017), Peer Tutoring in Schools (5th edn.). Belfast: Queen's University Belfast. https://pure.qub.ac.uk/portal/files/130755742/PairedReadingManual_v5.doc

Timperley, H. (2008), Teacher professional learning and development', in J. Brophy (ed.), The Educational Practices Series -18. Brussels: International Academy of Education and International Bureau of Education. http://edu.aru.ac.th/childedu/images/PDF/benjamaporn/EdPractices_18.pdf

Timperley, H., Wilson, A., Barrar, H. and Fung, I. (2007), Teacher Professional Learning and Development. Auckland: Ministry of Education. www.oecd.org/education/school/48727127.pdf

Tolmie, A. K., Topping, K. J., Christie, D., Donaldson, C., Howe, C., Jessiman, E., Livingstone, K. and Thurston, A. (2010), 'Social effects of collaborative learning in primary schools', *Learning and Instruction, 20,* (3), 177–191.

Torgerson, C., Brooks, G., Gascoine, L. and Higgins, S. (2019), Phonics: reading policy and the evidence of effectiveness from a systematic "tertiary" review', *Research Papers in Education, 34,* (2), 208–238.

Trudeau, F. and Shephard, R. J. (2008), 'Physical education, school physical activity, school sports and academic performance', *International Journal of Behavioral Nutrition and Physical Activity, 5,* (1), 10.

Vaag Iversen, J. M. and Bonesronning, H. (2013), 'Disadvantaged students in the early grades: Will smaller classes help them?', *Education Economics, 21,* (4), 305–324.

Van der Kleij, F. M., Feskens, R. C. and Eggen, T. J. (2015), 'Effects of feedback in a computer-based learning environment on students' learning outcomes: A meta-analysis', *Review of Educational Research, 85,* (4), 475–511.

Vaughan, R. (2015), UK among world's worst for "teaching to the test", research finds', TES, www.tes.com/news/uk-among-worlds-worst-teaching-test-research-finds

Watson, A. and Kelso, G. L. (2014), 'The effect of Brain Gym on academic engagement for children with developmental disabilities, *International Journal of Special Education, 29,* (2), https://pdfs.semanticscholar.org/8f82/69575e9471324feOfa38d26a3920c063045b.pdf

Webster, R., Blatchford, P., Bassett, P., Brown, P., Martin, C. and Russell, A. (2010), *Double standards and first principles: Framing teaching assistant support for pulls with special educational needs, European Journal of Special Needs Education, 25, (4), 319–336.

William, D. (2006), Excellence in Assessment: Assessment for learning. Cambridge: Cambridge Assessment wwassessnet-org.ukle-learning/ille.php/tReSOUrces/Excellence in Assessment/Excellence_in_Assessment. - Issue lipar

William, D. (2011), What is assessment for learning?', *Studies in Educational Evaluation, 37*, (1), 3–14.

Wiliam, D. (2015), The research delusion', TES, www.tes.com/news/research-delusion-O

Willingham, D. T., Hughes, E. M. and Dobolyi, D. G. (2015), The scientific status of learning styles theories', *Teaching of Psychology, 42,* (3), 266–271.

Wilson, J., Allen, L., Belfiore, E., Campbell, P., Curry, S., Hill, S., Jones, R., Kain, R., Kerridge, S., Thelwall, M., Tinkler, J., Viney, I., Wouters, P., Hill, J. and Johnson, B. (2015), The metric tide: Report of the independent review of the role of metrics in research assessment and management', https://responsiblemetrics.org/wp-content/uploads/2019/02/2015_metrictide.pdf

Worth, J., Sizmur, J., Walker, M., Bradshaw, S. and Styles, B. (2017), Teacher observation: Evaluation report and executive summary'. London: EEF. https://educationendowmentfoundation.org.uk/public/files/Projects/Evaluation_Reports/Teacher_Observation.pdf

Yeh, S. S. (2010), 'Understanding and addressing the achievement gap through individualized instruction and formative assessment', *Assessment in Education: Principles, Policy & Practice, 17,* (2), 169–182.

Yorke, H. (2017), Government orders investigation into public school cheating scandal as regulator considers change in rules', Telegraph, www.telegraph.co.uk/education/2017/08/31/government-orders-investigation-public-school-cheating-scandal/